James Hawes
Die kürzeste Geschichte Deutschlands

JAMES HAWES

DIE
kürzeste
GESCHICHTE
DEUTSCHLANDS

Aus dem Englischen
von Stephan Pauli

PROPYLÄEN

Die Originalausgabe erschien 2017
unter dem Titel »The Shortest History of Germany«
bei Old Street Publishing Ltd., Yowlestone House, Devon.

Propyläen ist ein Verlag der Ullstein Buchverlage GmbH
www.propylaeen-verlag.de

ISBN: 978-3-549-07640-8

3. Auflage 2018
© 2017 by James Hawes
© der deutschsprachigen Ausgabe
2018 Ullstein Buchverlage GmbH, Berlin
Karten und Grafiken: © Peter Palm, Berlin
Gesetzt aus der Adobe Caslon Pro
Satz: L42 AG, Berlin
Druck und Bindearbeiten: GGP Media GmbH, Pößneck
Printed in Germany

In Erinnerung an meinen Vater Maurice Hawes und für die Zukunft meines dritten Sohnes, Karl Maurice Hawes v. Oppen, deren Leben sich am 25. Februar 2015 für wenige Stunden überschnitten.

Inhalt

VORWORT
ZUR DEUTSCHEN AUSGABE

Als ich im Frühjahr 2015 anfing, *Die kürzeste Geschichte Deutschlands* zu schreiben, sah es so aus, als würde daraus ein harmloses kleines Buch, das vor allem dazu diente, meinen britischen Landsleuten die deutsche Geschichte näherzubringen.

Frühjahr 2015. Die Erinnerung fühlt sich an wie ein verlorener Traum. Deutschland, dieses soziale, reiche und sichere Land im Herzen Europas hatte die Finanzkrise mit Bravour gemeistert. Die deutsche Kanzlerin war beliebt wie nie zuvor. Angela Merkel bereitete gerade den G7-Gipfel vor, um die Großen des Erdballs vor der idyllischen Kulisse von Schloss Elmau zu empfangen. Es schien ein reines Vergnügen zu sein, die Geschichte einer Nation zu schreiben, die nicht nur wirtschaftlich stark und politisch stabil war, sondern sich wie keine andere tiefgehend mit der Schuld in der eigenen Geschichte befasst hat. Das Motto »Nie wieder Auschwitz!« prägte das Handeln einer ganzen Generation.

Freilich: Schaute man genau hin, so zeigten sich schon damals dunkle Flecken. Was dachten jene Ostdeutschen, welche die NPD 2005 und 2009 in den Sächsischen Landtag schickten? Was eigentlich war die AfD? Schon 2013 hatte diese neue Partei im Osten ziemlich stark abgeschnitten. Der damalige Bundespräsident Joachim Gauck sprach von »Dunkeldeutschland«, dessen fremdenfeindliche Umtriebe es zu bekämpfen gelte. Doch die Schatten vermochten die allgemeine Hochstimmung nicht zu trüben. Glücklich das Land, das Angela Merkel hatte, das Hunderttausende Flüchtlinge mit offenen Armen aufnahm und sich in seiner »Willkommenskultur« sonnte.

Frühjahr 2018. Welch eine Wendung. Weltweit ist etwas ins Rutschen geraten. Flüchtlingskrise. Brexit. Trump. Rechtspopulismus überall. Und auch der vormalige Musterschüler Deutschland ist nun »einer von uns«, wie der bulgarische Politologe Ivan Krastev konstatiert. Trotz der Unsummen, die seit der Wiedervereinigung in die neuen Bundesländer geflossen sind, zeigt sich dort ein brüllendes, autoritäres Gedankengut, das man längst überwunden glaubte. Plötzlich wird wieder ein »Schlussstrich« unter die deutsche Vergangenheit gefordert und unverhohlen gedroht: »Wir werden Merkel jagen. Wir werden uns unser Land und unser Volk zurückholen!« Zwar erreichte die AfD bei der Bundestagswahl 2017 auch in Baden-Württemberg 15,1 Prozent, doch in Sachsen-Anhalt holte sie 24,3 Prozent, und in Sachsen wurden die Rechtspopulisten stärkste Kraft. Ist der Osten wieder erwacht?

Unter den etablierten Parteien macht sich Unsicherheit breit. Die Frage nach dem Wesen der deutschen Identität ist mit Wucht zurück. Denn wenn es etwas gibt, was den Osten vom Westen unterscheidet, woran lässt sich das festmachen? Um zu verstehen, was Deutschland in seinem innersten Kern ausmacht, lohnt es, zu den Anfängen zurückzukehren und den Weg bis ins Heute zu gehen.

Sicher kann ein Buch dieses Umfangs nicht die ganze Geschichte erzählen. Doch so etwas wie die ganze Geschichte – wovon auch immer – gibt es schlicht und einfach nicht. Uns bleibt nur, zurückzutreten, hinzusehen und die Geschichte sich entfalten zu lassen. Dieses Buch versucht ein knappes, aber scharf umrissenes historisches Porträt dieses Landes, das wie kein anderes die Ressourcen erworben hat, über sich selbst nachzudenken und den Weg zum Besseren einzuschlagen.

Oxford, im Februar 2018
James Hawes

DIE VORGESCHICHTE –
EHE ES ANFING

Um 500 v. Chr. begann unserer heutigen Schätzung nach in einer Ansammlung von Hütten irgendwo in Südskandinavien oder Norddeutschland ein Zweig der indogermanischen Bevölkerung Europas, bestimmte Konsonanten anders auszusprechen, als alle anderen es taten.

Wer das war, wo das geschah, wann und warum, weiß niemand genau, und daran wird sich auch in Zukunft nichts ändern. Doch was geschah, können wir rekonstruieren. Man sehe sich zum Beispiel die Fragewörter an. Andere Sprachen beließen es beim *c/k/qu*-Laut (wie im Lateinischen *quis, quid, quo, cur, quam),* zum Teil bis heute *(quoi, que, che, kakiya* und so weiter). Doch die Vorfahren der Dänen, Engländer, Deutschen und einiger anderer hatten Neues im Sinn und begannen mit der Verwendung von *hv/wh/h*-Lauten, was heute gebräuchliche Wörter wie *hvad/what/was* hervorbrachte.

Die erste germanische Lautverschiebung wurde von Jacob Grimm, dem älteren der märchensammelnden Brüder Grimm, erstmals dargelegt. Einige ihrer Auswirkungen treten im Vergleich zwischen Latein und Deutsch klar hervor:

Aus p wurde f: pater – Vater
Aus f wurde b: frater – Bruder

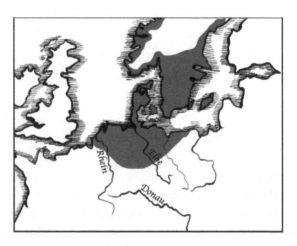

Wo es wahrscheinlich anfing, um 500 v. Chr.

Aus b wurde p: labia – Lippe
Aus k wurde h: centum – hundert
Aus h wurde g: hortus – Garten
Aus g wurde k: gelidus – kalt

Die Stämme, die (so nehmen wir an) um 500 v. Chr. damit begannen, diese neuen Laute zu verwenden, bezeichnet man als Urgermanen. Wir wissen nicht, wie sie sich selbst nannten, da sie zu diesem Zeitpunkt keinerlei Beziehungen zu den Völkern des Mittelmeerraums pflegten, die damals bereits mit Dingen wie Aquädukten, Bibliotheken, Theatern, Wahlen und Geschichtsschreibung gesegnet waren.

Wir wissen, dass die Urgermanen etwa 150 v. Chr. begannen, mit der mediterranen Welt in Austausch zu treten. Aus dieser Zeit stammen viele der römischen

16

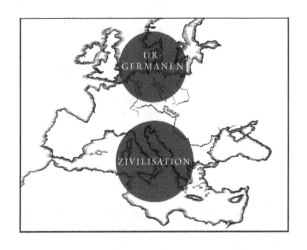

Weingefäße, die in Deutschland gefunden wurden. Wir wissen auch, dass Einkaufen für die Urgermanen eine gänzlich neue Erfahrung gewesen sein muss, weil in allen germanischen Sprachen das Wort für »kaufen« *(kaupa, kopen, shopping* etc.) direkt aus dem lateinischen Wort *caupo*, also Händler oder Gastwirt abgeleitet wurde. Wir können uns gut vorstellen, wie es in einem Handelsposten an Rhein oder Donau zu einem Erstkontakt kam, als die urgermanische Elite Felle, Bernstein, ihre blonden Haare (bei römischen Perückenmachern hoch im Kurs) und vor allem Sklaven gegen Wein tauschte.

Dieser Handel scheint eine Weile recht friedlich vonstatten gegangen zu sein. Doch dann versetzten ein paar Stämme aus dem Norden, die man Kimbern und Teutonen nannte, die römische Republik zwischen 112 und 101 v. Chr. in Angst und Schrecken, bis der große Feldherr Marius sie schließlich auslöschte. Nachgebo-

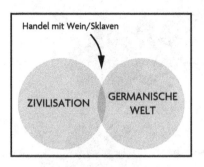

rene Patrioten sollten sie später als frühe Deutsche für sich beanspruchen, doch für die Römer waren sie bloß gewöhnliche Barbaren. Mit Sicherheit nannte sie damals niemand »Germanen«. Tatsächlich wurde, soweit wir wissen, vor 58 v. Chr. niemand je als Germane bezeichnet. Passenderweise beginnt diese große Geschichte mit einem der berühmtesten Männer aller Zeiten.

Teil I

DAS ERSTE HALBE JAHRTAUSEND: 58 v. Chr. – 526 n. Chr.

Die Römer erschaffen die Germanen, dann übernehmen die Germanen Rom

CAESAR ERFINDET
DIE GERMANEN

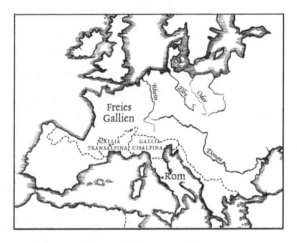

Rom und Gallien vor Caesar

Im März des Jahres 60 v. Chr. war die Bedrohung durch barbarische Asylsuchende das wichtigste Gesprächsthema in Rom, wie der Philosoph, Anwalt und Politiker Cicero schrieb. Nachdem es weiter nördlich zu Unruhen und Kriegen gekommen war, überfluteten sie die bereits unterworfenen, romanisierten Gebiete Galliens – also im Wesentlichen das heutige Südfrankreich und Oberitalien. Es schien, als wäre im weiter nördlich gelegenen freien Gallien eine neue, Ärger verheißende Macht aufgetaucht. Gaius Julius Caesar, der als neuer Prokonsul der gallischen Provinzen mit einem Eroberungskrieg seinen

Ruf steigern und seine Schulden tilgen wollte, gab ihr im Jahr 58 v. Chr. einen Namen: *Germani.*

Bereits mit der ersten Erwähnung auf Seite eins seines Bestsellers *Der Gallische Krieg* verbindet Caesar mit diesen *Germani* die Vorstellung, dass diese »das Gebiet jenseits des Rheins bewohnen«. Er füllt damit eine Landkarte, die für seine Leser genauso weiß gewesen sein muss wie Zentralafrika für das Publikum von Henry Morton Stanley und Carl Peters. Während sich Rom und Gallien geografisch und kulturell überschneiden, lebt jenseits des Rheins ein gänzlich verschiedenes Volk – diese Botschaft wird im *Gallischen Krieg* über viele Seiten unermüdlich wiedergekäut.

Caesar muss schon bald feststellen, dass er vor einer schwierigen Lage steht: Einige gallische Stämme haben fünfzehntausend kampferprobte Germanen bestochen, den Rhein zu überqueren und ihnen gegen die mächtigen Häduer beizustehen. Doch nach erfolgreicher Mission sendet der Germanenführer Ariovist weitere Männer über den Fluss und ist nun de facto Herrscher über das gesamte nichtrömische Gallien. Einhundertzwanzigtausend Germanen befinden sich bereits in Gallien; bald schon werden noch mehr kommen. Sie werden die Einheimischen vertreiben und zwingen, sich eine neue Heimat zu suchen.

Als echter Patriot erkennt Caesar die Gefahr sofort: Bald schon werden barbarische Migranten die gallischen Provinzen Roms – vielleicht sogar Rom selbst – überfluten. Er spornt seine verzagten Legionäre mit einer glänzenden Rede an und dringt ins Feindesland vor, wobei er die gefürchteten engen Pfade und dichten Wälder geflissentlich meidet. Die Stämme, die er unter dem Wort *Germani* zusammenfasst, zwingt er im Jahr 58 v. Chr. in der Schlacht im Elsass zum Kampf gegen seine Truppen.

Die Germanen werden geschlagen. Ihre ohnehin schwere Niederlage geht, wie es in vormodernen Kriegen häufig vorkommt, in ein umfassendes Gemetzel über. Als die Überlebenden über den Fluss fliehen, will Caesar sie verfolgen. Die Ubier (Germanen zwar, aber Verbündete Roms) bieten ihm an, seine Truppen in Booten über den Rhein zu setzen. Doch Caesar ist der Ansicht, dass es römischer und zugleich sicherer sei, eine Brücke – wahrscheinlich in der Nähe des heutigen Bonn – über den Fluss zu bauen. Seine Legionen erledigen diese Aufgabe in zehn Tagen – eine erstaunliche Leistung.

Doch wie bewundernswert Roms Militärtechnik auch sein mag, am Ende entscheidet immer der Kampf im Gelände über Sieg und Niederlage. Und die Germanen kennen das Gelände. Sie fliehen in die Wälder, wo sie, wie Caesar herausfindet, ihre Kräfte bündeln und den römischen Angriff abwarten wollen. Daraufhin beschließt Caesar, der bereits tief ins Land vorgedrungen ist, »für Ruhm und Vorteil« (so sein eleganter Standpunkt) sei genug getan. Er kehrt nach Gallien zurück und zerstört die Brücke hinter sich.

Bis zum Ende des *Gallischen Kriegs* verbleiben die Germanen als potenzielle Verbündete all jener Gallier, die zur Rebellion bereit sind, in Lauerstellung. Es gibt nur eine Lösung: Sie sollen die ganze Macht Roms kennenlernen. Als sie nun im Jahr 55 v. Chr. versuchen, in Scharen über den Rhein nach Gallien einzuwandern, beschließt Caesar, »Krieg gegen die Germanen zu führen«.

Caesar prahlt damit, dass seine Truppen »nicht einen Mann« verloren hätten und sicher aus der Schlacht zurückgekehrt seien, nachdem sie vierhundertdreißigtausend Kämpfer des Feindes bis an den todbringenden Zusammenfluss von Rhein und Maas getrieben hätten, »wo sie alle elend umkamen«. Selbst nach römischen Standards war das fraglos ein Massaker und hatte mit Krieg nichts mehr zu tun. Der große Redner Cato fordert öffentlich, Caesar den Germanen zur Strafe auszuhändigen. Doch Caesar nutzt seinen *Gallischen Krieg*, um seine brutalen Methoden als effektive Abschreckung zu rechtfertigen: Als rebellische Gallier es erneut wagen, die Germanen mit Bestechung auf ihre Seite zu ziehen, antworten diese, das Risiko nach den jüngsten Vorfällen nicht noch einmal eingehen zu wollen.

Aber wie ticken diese soeben entdeckten Barbaren nun wirklich? Caesar unterbricht seine spannungsgeladene Erzählung an einem dramaturgisch angemessenen Punkt – er steht im Jahr 53 v. Chr. an seinem zweiten Brückenkopf über den Rhein –, um seinen Lesern seine berühmte Beschreibung der Germanen, die erste in der Geschichte, zu geben.

Caesars Germanen

Die Germanen haben ganz andere Bräuche [als die Gallier]. Denn sie haben weder Druiden, die den kultischen Dingen vorstehen, noch legen sie großen Wert auf Opfer. Unter die Götter zählen sie nur die, die sie wahrnehmen und deren Wirken ihnen augenscheinlich zu Hilfe kommt, die Sonne, den Mond und Vulkan. Den Glauben an die übrigen kennen sie nicht einmal vom Hörensagen. Ihr ganzes Leben besteht aus Jagen und militärischen Übungen. … Beide Geschlechter baden zusammen in den Flüssen und tragen nur Pelze oder dürftige Pelzüberwürfe, wobei der größte Teil des Körpers nackt bleibt. Ackerbau betreiben sie wenig, ihre Ernährung besteht zum größten Teil aus Milch, Käse und Fleisch. Auch hat niemand bei ihnen ein bestimmtes Stück Land oder Grundbesitz. … Sie halten es für ein Kennzeichen von Tapferkeit, wenn die Anwohner ihrer Grenzen von ihrem Land vertrieben abziehen und niemand wagt, sich in ihrer Nachbarschaft niederzulassen. … Raubzüge, die außerhalb der Stammesgrenzen unternommen werden, betrachten sie nicht als Schande … Sie halten es für Frevel, einen Gast zu verletzen. Wer aus welchem Grund auch immer zu ihnen kommt, den schützen sie vor Unrecht und halten ihn für unverletzlich. Alle Häuser stehen ihm offen, und die Bewohner teilen ihre Nahrung mit ihm … Die Ausdehnung des hercynischen Waldes, auf den wir oben hinwiesen, entspricht einem zügigen Fußmarsch ohne Gepäck von neun Tagen; anders kann sie nicht bestimmt werden, da die Einheimischen kein Wegemaß kennen … Gewiss ist, dass es dort viele Arten von wilden Tieren gibt, die man sonst nicht sieht.

Der Gallische Krieg, *VI, 21-25*

Keine richtigen Götter oder Priester, kein Eigentum, keine gesellschaftliche Ordnung, kaum Getreidefelder für Brot, keinerlei Mittel, um Entfernungen zu messen, riesige Wälder, von wilden Tieren nur so wimmelnd, unentwegte Kriege zwischen den Stämmen – in der Tat also ein Land von Barbaren, das Rom niemals gewinnbringend zu verwalten hoffen darf.

Doch geht es hier nicht um Ethnologie, sondern um Politik. Es geht vor allem darum, den Kontrast zwischen der linken Rheinseite (wo Caesar Triumphe feierte) und der rechten Seite (die er zweimal erfolglos besetzte) zu schärfen. Auf *dieser* Seite wohnen die Gallier: Sie bearbeiten ihre fruchtbaren Felder; sie verehren richtige Götter, die sich ohne Weiteres auf das griechisch-römische Pantheon übertragen lassen; sie haben einfache Gesetze, führen primitive Wahlen durch, kennen eine gewisse gesellschaftliche Ordnung, und ihre Druiden beherrschen das griechische Alphabet – ein sicherer Beweis für eine mögliche Zivilisierung. Hier hat Caesar für sein Volk ein ganzes Land erobert, das sich perfekt romanisieren lässt und nur darauf wartet, besteuert zu werden. Auf der *anderen* Seite des Rheins dagegen lauern die Germanen.

Gleichzeitig besteht kein Zweifel daran, dass der Fluss keine echte Grenze zwischen zwei völlig verschiedenen Kulturen darstellt. Caesar berichtet, dass zumindest ein Stamm jenseits des Rheins siedle, der bis vor Kurzem noch in Gallien unter Galliern lebte. Umgekehrt gebe es die Belger, die nun diesseits des Rheins leben, von denen aber »die meisten von den Germanen abstammten«. Die Ubier, die am germanischen Ufer des Rheins wohnen, sind standhafte Verbündete Roms, während am gal-

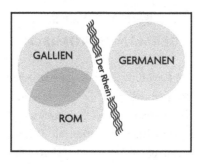

Gallien und Germanien in den Augen Caesars

lischen Ufer feindliche Stämme hausen, offensichtlich auch sie Germanen. Im Verlauf des *Gallischen Kriegs* wechseln andauernd Leute die Rheinseite, um jemanden anzugreifen, sich zu verbünden, zu fliehen oder auszuwandern. Caesar selbst setzt eine germanische Kavallerieeinheit als seine Leibgarde ein.

Die Lage entlang des Rheins war in den Jahren 58 bis 53 v. Chr. offensichtlich fließend, irritierend und absolut chaotisch. Doch kann man diese Erkenntnis als glanzvolle Neuigkeit verkaufen? Sicher nicht, und deshalb verkündet Caesar, er habe eine natürliche Grenze der römischen Herrschaft entdeckt. Die Völker jenseits des Rheins werden zu unverbesserlichen Barbaren und ihr Land zu einer albtraumhaften Wildnis erklärt. Schlimmer noch, sie sind gerade Rom gegenüber besonders feindlich gestimmt und »verweigern niemandem ihre Dienste, der sich den Römern widersetzt«. Roms Auftrag ist also eindeutig: die Wacht am Rhein übernehmen und den Barbaren die Hölle heißmachen, sobald sie es wagen sollten, den Fluss zu überqueren.

Julius Caesar hatte die Germanen erfunden.

BEINAHE WIRD
GERMANIEN RÖMISCH

Die römische Republik hatte in den Folgejahren genug damit zu tun, sich selbst zu bekämpfen und nach dem Mord an Caesar ein Kaiserreich zu werden, doch an ihrer Meinung zum Rhein änderte sich nichts: *hier* die zivilisierbaren Gallier, *dort* die unzivilisierbaren Germanen. Und dennoch fand man auch für dieses unkultivierte Volk Verwendung. Der erste römische Kaiser Augustus machte es Caesar nach und bemannte seine Leibwache mit nordrheinischen Germanen – genauso wie Herodes, Roms Klientelkönig in Judäa. Im Jahr 17 v. Chr. überquerte allerdings ein größerer Kriegshaufen den Rhein, erbeutete das heilige Symbol der fünften Legion, den Legionsadler, und entführte ihn unter Triumphgeheul auf seine Flussseite. Das brandneue römische Kaiserreich konnte es selbstverständlich nicht zulassen, dass seine Macht auf diese Art verspottet wurde, und bereitete seine erste Großoffensive vor: die vollständige Eroberung Germaniens.

Kaiser Augustus' jüngerer Stiefsohn Drusus wurde zum Oberbefehlshaber ernannt. Am Rhein wurden mehrere Stützpunkte errichtet, die Keimzellen der heutigen Städte Bonn, Mainz, Koblenz und Xanthen. Von diesen Lagern aus führte Drusus seine Legionen und Kriegsschiffe zwischen 12 und 9 v. Chr. tief hinein nach Nordwestdeutschland und in eine ununterbrochene Folge siegreicher Schlachten.

Im Jahr 9 v. Chr. erreichte Drusus die Elbe oder die Saale, die für die Römer bloß der Unterlauf der Elbe war. Dort erschien ihm nach Berichten der Historiker Cas-

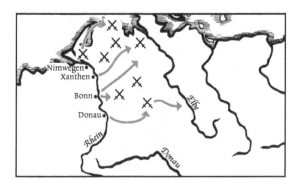

Das römische Vordringen nach Germanien, 12 v. Chr. bis 5 n. Chr.

sius Dio und Sueton eine riesenhafte Frau, die ihm riet, umzukehren und seinen unersättlichen Hunger nach Eroberungen zu zügeln, da seine Tage gezählt seien.

Dies ist ein wegweisender Moment in der Geschichte Deutschlands und Europas. An der Elbe umzukehren war keine alltägliche militärisch-politische Entscheidung, sie wurde vielmehr von höheren Mächten diktiert. Den Rhein oder sogar die Weser zu überqueren wäre noch in Ordnung; doch die Elbe markiert das Ende aller vernünftigen Bestrebungen. Drusus übrigens stürzte auf dem Rückweg nach Westen vom Pferd und starb.

Die endgültige Eroberung Germaniens zwischen Donau, Rhein und Elbe war für das Jahr 6 n. Chr. vorgesehen. Im vielleicht größten Feldzug, der je von Rom geplant wurde, sollten zwölf Legionen – etwa 40 Prozent der gesamten Streitkräfte des Imperiums – das widerspenstige Königreich des Marbod in einer gewaltigen Zangenbewegung vom Rhein im Westen und der Donau im Süden her umzingeln.

Drusus erreicht die Elbe, Holzstich nach Eduard Bendemann 1860

Nur wenige Tage bevor die Großoffensive starten sollte, meuterten Hilfstruppen im heutigen Bosnien und lös-
ten den Pannonischen Aufstand aus. Die bereits aufmar-
schierten Rhein- und Donau-Armeen wurden daraufhin
in größter Eile Richtung Südosteuropa abgezogen.

In Germanien schritt die Romanisierung trotz des
abgebrochenen Feldzugs schnell voran. Cassius Dio
schrieb, »dass Städte gegründet wurden. Die Barbaren
gewöhnten sich daran, Märkte abzuhalten, und kamen
sich in friedlichen Gemeinden näher.« Das hört sich
stark nach Dick Cheneys idyllischem Traum eines Irak
nach der Operation *Iraqi Freedom* an und wurde übli-
cherweise als grobe Übertreibung abgelehnt. Doch erst
kürzlich fanden Archäologen eindeutige Beweise, dass
die Römer tatsächlich an *Germania* bauten. Bei Waldgir-
mes, 100 Kilometer östlich des Rheins in Mittelhessen
gelegen, wurde eine komplette Militär- und Zivilstadt
mit Straßen und einem Forum ausgegraben. Die dort
gefundenen Münzen belegen eine römische Besatzung
von 5 v. Chr. bis 9 n. Chr. Diese zweite Jahreszahl wurde

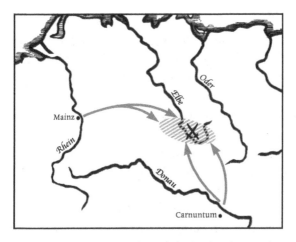

Der große Plan des Römischen Reichs für das Jahr 6 n. Chr.

über viele Jahrzehnte jedem deutschen Schulkind als das erinnerungswürdigste Datum der gesamten deutschen Geschichte eingebläut.

ARMINIUS UND DANACH

Ähnlich wie die Briten in Indien fanden die Römer in Germanien eine Vielzahl verfeindeter Kleinstaaten vor und stülpten diesen bequemerweise die Vorstellung einer einzigen großen Nation über. Wie die Briten schufen sie für dieses erfundene Land eine Klasse halbwegs akkulturierter Führer, von der sie Loyalität erwarteten.

Im Jahr 9 n. Chr. hatte Publius Quinctilius Varus, der Statthalter Germaniens, den Sommer tief im Landesinneren verbracht, nicht um Krieg zu führen, aber doch

31

um Steuern einzutreiben (mit zu harter Hand, wie es später hieß). Auf dem Weg zurück in sein Winterlager am Rhein beging er den Fehler, seinem romanisierten Tischgenossen Arminius, im römischen Heer dienender Sohn eines Cheruskerführers aus dem Nordwesten, zu vertrauen. Arminius berichtete ihm von einem kleinen Aufstand in der Nähe und bat ihn, dort ein letztes Mal in diesem Jahr für Rom Flagge zu zeigen. Obwohl ihn selbst Arminius' Schwiegervater gewarnt hatte, stimmte Varus zu. Er glaubte sich auf vollständig befriedetem Gebiet und brach unbesorgt auf, ohne seine drei Legionen in eine vernünftige, kriegsmäßige Marschordnung zu bringen. Und so machten sich die römischen Legionen samt Tross auf den Weg über die engen Pfade und durch die dichten Wälder, die Caesar fast siebzig Jahre zuvor sorgsam gemieden hatte. Dort wurden sie in einem Hinterhalt, der als *Schlacht im Teutoburger Wald* in die Geschichte einging, ausgelöscht, in gut dokumentierten Szenen äußerster Grausamkeit, die selbst das heutige Kinopublikum erblassen ließen. Schon im 19. Jahrhundert hatten erste Münzfunde auf diesen möglichen Ort der Schlacht hingewiesen, doch seit den bahnbrechenden Entdeckungen des britischen Majors und Hobbyarchäologen Tony Clunn im Jahr 1987 und den anschließenden Ausgrabungen sind sich die meisten Experten heute sicher, dass sich das Schlachtfeld am Kalkriese in Niedersachsen befunden haben muss.

In der Folge wurde fast jede römische Stellung östlich des Rheins zerstört. Diese empfindliche Niederlage war aber dennoch nicht (wie weithin angenommen) das Ende aller römischen Ambitionen in Germanien. Von 14

Römische Kavalleriemaske, entdeckt in der
Fundregion Kalkriese

bis 16 n. Chr. verwüstete Drusus' Sohn Germanicus das
Land in einem Rachefeldzug, bis er Arminius und seine
Verbündeten schließlich an der Weser in die Enge trieb.
Um den Vorabend der Schlacht ranken sich viele Legenden. Arminius und sein Bruder, der Rom treu geblieben
war, warfen sich über den Fluss hinweg lateinische Be-
schimpfungen an den Kopf. Germanicus diente Shakespeare als Vorbild für seinen Heinrich V., als er sich in
der Nacht vor der Schlacht inkognito unter seine Soldaten mischte, um sich persönlich ein Bild von der Moral
zu machen. Am folgenden Morgen wurden die Germanen vernichtend geschlagen, über »zehn Meilen war der
Boden mit erschlagenen Feinden und zurückgelassenen
Waffen bedeckt« (Tacitus). Nur kurze Zeit später wurde
Arminius/Hermann, der erste Held des deutschen Nationalismus, unter mysteriösen Umständen von seinen
Landsleuten ermordet.

Das Rheinland[1] war wieder sicher. Da die römische Armee wie jede andere auch die harten Jungs aus den Wäldern der verwöhnten Stadtjugend vorzog, rekrutierte sie von nun an mit Vorliebe Germanen. Während der römischen Eroberungsfeldzüge in Britannien durchschwammen germanische Truppen in voller Montur die Themse und entschieden so die wichtige Schlacht am Medway. Die nicht umsonst *cohors Germanorum* genannte Leibgarde sorgte für die persönliche Sicherheit des Kaisers, der Senat zitterte vor ihr. In manchen Teilen des Rheinlands beruhte die örtliche Wirtschaft hauptsächlich auf der Beschaffung von Soldaten für Rom.

Rom erlebte nun seine Glanzzeit – ein knappes Jahrhundert inneren Friedens unter den »fünf guten Kaisern« Nerva, Trajan, Hadrian, Antoninus Pius und Mark Aurel – und dehnte unterdessen seine Grenzen unaufhaltsam aus, auch in Germanien. Erst vor Kurzem fand man heraus, wie weit sich jenes tatsächlich erstreckte. Noch um 20 n. Chr. steckte der griechische Geograf Strabo Germanien wie folgt ab:

»Die Römer«, schrieb er, »sind bisher nicht über die Elbe hinausgekommen.« Doch um 150 n. Chr. zeichnete der große Gelehrte aus Alexandria, Ptolemäus, ein *Germania magna*, das diese Grenzen weit hinter sich ließ:

Bis vor Kurzem glaubte man, dass Ptolemäus' Karte ein reines Fantasieprodukt sei. Doch 2010 kam ein Team der Technischen Universität Berlin mithilfe einer neu

---

1 Mit »Rheinland« ist in diesem Buch der gesamte in relativer Nähe zum Rhein liegende Teil Deutschlands gemeint, nicht nur die heute so bezeichnete Region im engeren Sinne.

entdeckten Version der Karte und modernster Computertechnik zu dem Urteil, dass sie bei Weitem genauer ist als bisher angenommen. Tatsächlich sei sie so genau, dass sie unmöglich ein Mensch gezeichnet haben könne, der in einer Bibliothek an der nordafrikanischen Küste saß – es sei denn, er hätte Zugang zu den Ergebnissen militärischer Vermessungsarbeiten gehabt. Das Team schloss daraus, dass die römische Armee zu Beginn des 2. Jahrhunderts die Landstriche bis zur Weichsel im heutigen Polen genau gekannt haben muss.

DER LIMES UND
SEINE AKTUALITÄT

Obwohl die Römer also das gesamte Land, das man später einmal als Deutschland bezeichnen sollte, wahrscheinlich vermessen haben, gelang es ihnen niemals auch nur annähernd, es in seiner Gesamtheit zu erobern. Tatsächlich wurde die Zukunft Deutschlands in beträchtlichem Maße davon diktiert, wo die Grenzlinien römischer Herrschaft letztlich verliefen. Darüber bestehen aber keine Zweifel, schließlich ist diese Grenze bis heute unmissverständlich in den Boden eingeschrieben.

Die Daten sind zwar vage, doch spätestens um 100 n. Chr. kontrollierten die Römer große Teile des heutigen Südwestdeutschlands. Etwa gegen 160 n. Chr. hatten sie ihre Machtstellung durch den Bau einer befestigten Grenze zementiert, die als *limes Germanicus* bekannt wurde. Sie verlief im Norden entlang des Rheins, bog bei Mainz Richtung Osten zum Main ab (bis heute die sprichwört-

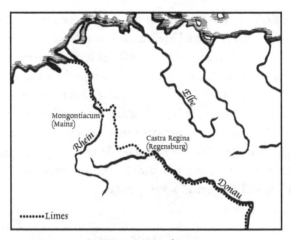

Der Limes in Mitteleuropa

liche Grenze zwischen Nord- und Süddeutschland), um sich dann mit Kurs auf das heutige Regensburg südwärts und schließlich weiter entlang der Donau zu ziehen.

Diese Bruchlinie der deutschen Geschichte ist Europas große Mauer: 560 Kilometer lang, bestand sie aus etwa tausend Kastellen und Wachtürmen, von denen viele heute noch nachweisbar sind. Sie wurde unerklärlicherweise über lange Zeit von den Historikern ignoriert, doch seit etwa einem Jahrzehnt erhält sie zunehmend die Aufmerksamkeit, die sie verdient. Bis zum Ende dieses Buches sollten wir uns genau daran erinnern, welche Gebiete Deutschlands von den Römern beherrscht wurden.

Legt man den *Limes* über eine Karte des heutigen Deutschlands, so liegen Köln, Bonn, Mainz, Frankfurt, Stuttgart, München und Wien diesseits seines Verlaufs. Orte wie Duisburg, die gerade eben jenseits des Limes liegen, waren ursprünglich römische Vorposten. Mit anderen Worten lagen außer Hamburg alle größeren Städte des heutigen Österreichs und Westdeutschlands innerhalb des Römischen Reichs oder zumindest in seinem täglich spürbaren Schatten.

DIE EDLEN WILDEN GERMANEN

Der berühmteste Bericht über die ersten Deutschen ist die *Germania* des Historikers Tacitus (ca. 103 n. Chr.). Wie Caesar zeichnete Tacitus die Germanen als Gegenmodell zu den Römern. Doch für ihn bedeutete dies nichts Schlechtes, zumal er der Meinung war, dass die Römer durch Laster und Luxus zu einem verweichlichten Volk degeneriert seien, das nur noch vor seinen Kaisern katzbuckelte. Die Germanen hingegen seien zweifellos Barbaren, aber doch edle Barbaren, »durch keine Lockungen der Spektakel, durch keine Reizungen der Gastmähler verdorben«.

Spätere Patrioten missverstanden Tacitus' Schrift als Beweis dafür, dass die Germanen nicht einmal oberflächlich romanisiert worden seien. Doch tatsächlich vermittelt sie die gegenteilige Botschaft. Denn die Römer, wie viele Imperialisten nach ihnen, liebten nichts mehr, als über wilde und edle Stammeskrieger in den Grenzgebieten ihrer Reiche zu lesen – sobald sie erst einmal unterworfen waren. Je härter die Kämpfe geführt worden waren, desto edler erschienen die Gegner im Nachhinein. Im Jahr 1745 etwa zitterte ganz England, als die schottischen Highlander einfielen. Damals dachte noch niemand, wie edel und romantisch sie doch seien.

Aber nachdem sie dann bei Culloden als Drohung für alle Zeiten vernichtend besiegt worden waren, begann die britische Armee fast augenblicklich, die Schotten als Fronttruppen einzusetzen, und die englische Gesellschaft verliebte sich in die Legenden, die von ihrem unverbrauchten, natürlichen Mut erzählten. Genauso verhielt es sich auch mit den Römern und Germanen um 100 n. Chr. Die letzte ernst zu nehmende Rebellion in Germanien hatte 69/70 n. Chr. stattgefunden, und das auch nur, weil sich Roms germanische Elitesoldaten über die Auflösung der von ihnen gebildeten kaiserlichen Leibwache, der *cohors Germanorum,* empörten. Römische Leser konnten also in Tacitus' Tagen ohne jeden Grund zur Beunruhigung dessen Beschreibungen über ihre wilden *Germani* genießen.

Tacitus' bekannteste und berüchtigtste Aussage über die Germanen war, dass sie »unverfälscht und durch keine anderweitige Verbindung mit anderen Völkern verunreinigt« seien und alle dasselbe Aussehen hätten: blaue Augen, rotblondes Haar, riesige Gestalt. Weniger häufig wird seine Einsicht in eine von Beginn an zentrale Tatsache über Germanien zitiert: Es wird im Norden vom Meer begrenzt, im Westen vom Rhein und im Süden von der Donau – doch von der Grenze zwischen den Germanen und den kaum bekannten Völkern weiter östlich weiß man nur, dass diese sich »voreinander fürchten«. Tacitus hat damit einen Nerv in der deutschen Geschichte getroffen: die Ungewissheit, wie weit nach Osten das Land eigentlich reicht.

Wir werden später auf Tacitus zurückkommen, wenn er im 15. Jahrhundert wiederentdeckt wird. Einstweilen

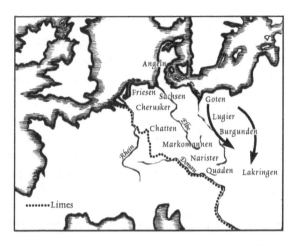

Limes und Stämme in *Germania magna*, um 160 n. Chr.

gilt es festzuhalten, dass um 100 n. Chr. trotz des Rückschlags in der Region Kalkriese viele der reichsten und fruchtbarsten Regionen Germaniens fest in römischer Hand waren.

DER ANFANG VOM ENDE

Römische Truppen brachten eine fürchterliche Krankheit aus dem Nahen Osten zurück nach Rom: Die Antoninische Pest, möglicherweise eine Pockenpandemie, wütete zwischen 165 und 180 n. Chr. in Westeuropa. Zur selben Zeit wurden die Germanen entlang der Donau von einem noch grimmigeren Germanenstamm unter Druck gesetzt: Die Goten breiteten sich in südlicher Richtung aus und rannten gegen die unterbesetzten römischen Forts an, die ihren Expansionsdrang hemmten.

Da er nur von der Krankheit dezimierte Legionen zur Verfügung hatte, setzte sich Mark Aurel, der letzte der »fünf guten Kaiser«, »an den gefrorenen Donauufern acht Winterfeldzügen aus, deren Härte seiner schwachen Konstitution schließlich zum Verhängnis wurde« (Gibbon, *Verfall und Untergang des römischen Imperiums)*. Er hatte es nicht mit einem einzelnen Gegner oder einer Nation zu tun, sondern mit einem irren Politpuzzle, in dem *Germani* noch immer nicht mehr war als ein Sammelbegriff für diverse Stämme:

Cassius Dio, Römische Geschichte, LXXII

Unter der Führung des Battarios, eines zwölfjährigen Knaben, stellten die einen von ihnen [Gesandtschaften der Barbaren] Bündnisse in Aussicht, empfingen Geldgeschenke. Andere wieder, zum Beispiel die Quaden, baten um Frieden und erhielten ihn auch. Das Recht, Märkte zu besuchen, erhielten sie freilich nicht bewilligt, damit die Markomannen und Jazygen sich nicht unter sie mischten und so die Verhältnisse bei den Römern auskundschafteten und Lebensmittel kauften. Sowohl die Astingen wie die Lakringen kamen Marcus [Aurelius] zu Hilfe, geleitet von der Hoffnung, für ihre Bundeshilfe Geld und Land zu erhalten. Die Lakringen griffen die Astingen unvermutet an und errangen einen großen Sieg mit der Folge, dass die Unterlegenen weiterhin keinen feindlichen Akt mehr gegen die Römer wagten ...

Mark Aurel versuchte mit einer Mischung aus roher Gewalt und attraktiven Angeboten, die Situation in den Griff zu bekommen. Nach ihrer Niederlage sollten ausgewählte Germanen zu *foederati,* also zu Verbündeten Roms, ernannt werden. Sie sollten Militärhilfen und finanzielle Unterstützung erhalten und im Gegenzug andere Germanen bekämpfen. Dieses System hing jedoch im Wesentlichen von der Erhaltung der Fähigkeit Roms ab, in regelmäßigen Abständen für eine gründliche militärische Abreibung zu sorgen.

Vorerst ging diese Strategie für Mark Aurel noch auf, wenngleich sie ihn umbrachte. Doch im frühen 3. Jahrhundert wurde Rom vom persischen Sassanidenreich herausgefordert, das es auf den großen Reichtum im Nahen Osten abgesehen hatte. Durch die nun erforderliche Teilung der militärischen Mittel wurde es immer schwieriger, die germanischen Grenzen zu kontrollieren.

Im Jahr 235 meuterten die römischen Rheinarmeen und riefen einen neuen Herrscher aus, wie es ihn noch nicht gegeben hatte: den riesigen und furchteinflößenden Maximinus Thrax, Sohn eines Goten. Der erste Kaiser, der allein von der Armee installiert wurde, war Halbgermane und gelangte in Germanien an die Macht. Maximinus war der Anfang vom Ende Roms. In seiner Regierungszeit begann die Reichskrise des 3. Jahrhunderts, mit rund zwanzig Kaisern in neunundvierzig Jahren. Bis zum Jahr 284 waren die Länder jenseits des Rheins und der Donau verloren, und unter hohen Kosten musste entlang dieser Flüsse ein neuer Limes errichtet werden. Dieser Wall hielt ein weiteres Jahrhundert, doch die Germanen hatten »den Schleier weggerissen, der Italiens schwache Majestät verhüllte« (Gibbon). Von nun an befand sich Rom vollständig in der Defensive. Reine Verteidigungskriege aber kennen nur einen Ausgang.

FINSTERNIS ODER LICHT?

Wir neigen dazu, uns ein zivilisiertes Rom vorzustellen, das in die Hände barbarischer Germanen fiel und damit leider schnurstracks in ein dunkles Zeitalter versetzt wurde. Doch in Europa gingen die Lichter schon viel früher aus, lange bevor die Germanen an den Lichtschalter gelangten.

Nach 235 war es völlig offen, wie viel Zeit einem Kaiser bleiben würde, bis er ermordet oder der nächste Bürgerkrieg ganze Provinzen verwüsten würde. Wie anders Rom bereits geworden war, lässt sich an der berühmten Tetrarchengruppe (ca. 300 n. Chr.) in Venedig ablesen. Sie erinnert uns eher an eine Gruppe altnordischer Schachfiguren als an eine klassische Skulptur.

Konstantin der Große (Regierungszeit 306–337), der Rom hinter Konstantinopel auf den zweiten Rang der Städte im Reich verbannte, stellte zwar eine gewisse Ordnung wieder her, doch allein dank germanischer Muskelkraft. Konstantin wurde in Britannien von germanischen Truppen zum Kaiser erhoben, und seine erste Amtshandlung nach der Eroberung Roms im Jahr 312 war es, die legendäre Leibwache der Prätorianer durch die *scholae palatinae*, seine eigene germanische Reitergarde, abzulösen. Die beiden letzten großen heidnischen Denker griechisch-römischer Provenienz, Libanius und Zosi-

Die Tetrarchengruppe

mus, beschuldigten Konstantin, die römische Zivilisation mit einer Armee germanischer Barbaren bezwungen zu haben. Konstantin war Roms erster christlicher Kaiser, sodass die militärisch-politische Verbindung zwischen germanischen Warlords und römischem Christentum schon in dieser Zeit hergestellt wurde.

Doch noch massivere Veränderungen zeichneten sich ab, die sich, wie die meisten wirklich großen Ereignisse der Weltgeschichte, aufgrund einer epochalen Bevölkerungsverschiebung Bahn brachen.

DIE WANDERNDEN
GERMANENSTÄMME

Es scheint, als hätte mit Beginn des 4. Jahrhunderts eine unwiderstehliche Macht germanische Kriegerverbände dazu veranlasst, ihre Siedlungen zu verlassen und sich auf *Völkerwanderung* zu begeben.

Da wir hierzu nur römische Zeugen befragen können, wissen wir lediglich, was diese an ihren Grenzen selbst zu sehen bekamen. Was aber im Inneren Germaniens vor sich ging, muss reine Vermutung bleiben. Klimatische Veränderungen gelten als mögliche Ursachen, ebenso Bevölkerungswachstum oder einfach die Gier nach Roms Reichtümern. In einigen Fällen – so etwa, wie wir sehen werden, im Fall der Goten – zählte gewiss ein wachsender Druck aus den östlich gelegenen Gebieten zu den entscheidenden Gründen. Des Weiteren wurden die Völkerwanderungen mit dem langsamen Verfall des Römischen Reichs und dem daraus resultierenden Machtvakuum an seinen Grenzen erklärt. Doch niemand weiß wirklich, wann all dies überhaupt seinen Anfang nahm, von den Ursachen ganz zu schweigen. So könnten Mark Aurels Schwierigkeiten im 2. Jahrhundert bereits ein erstes Vorzeichen gewesen sein. Wie dem auch sei – die folgende Karte aus dem 19. Jahrhundert zeigt, warum wir nicht einmal oberflächlich nachvollziehen können, was damals wirklich geschah.

Im 19. Jahrhundert schuf man sich ein Bild von diesen Ereignissen, das bis heute weitgehend Geltung hat. Laut diesen Erklärungen haben sich, ähnlich wie die Buren oder die Pioniere des amerikanischen Westens, ganze

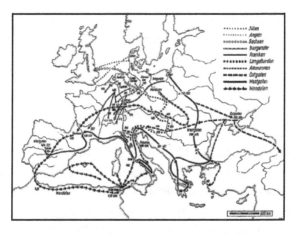

Die Völkerwanderungen am Ausgang des Altertums

Völkerschaften in Bewegung gesetzt. Die spektakulären Odysseen all dieser unterschiedlichen Germanenverbände hatten aber keinerlei Langzeitwirkung auf den Sprachatlas Kontinentaleuropas. Daraus lässt sich wohl schließen, dass es hier um verhältnismäßig kleine Gruppen ging. Es gelang ihnen, über einige Generationen hinweg verarmte Bauern oder militärisch unerfahrene Stadtbewohner zu unterwerfen. Doch sobald sie erst einmal bezwungen oder auch schlicht absorbiert worden waren, gewann die einheimische Kultur wieder die Oberhand.

Das geschah in ganz Europa und Teilen Nordafrikas. Der einzige Ort, an dem es diesen ungebildeten, heidnischen Germanen gelang, eine gebildete, romanisierte und christliche Kultur auszulöschen, war das Tiefland der größten Insel des Archipels nordwestlich der Rheinmündung – also England. Aber das gehört nicht hierher.

Was die Kontinentalgermanen angeht, so stammt die erste echte Geschichtsschreibung, die wir von ihnen haben, von den Goten.

DIE GOTEN – DIE RETTER ROMS?

Ob Teenagermode, Horrorfilm oder Architektur – das Wort *gothic* gilt als Sammelbegriff für alles Dunkle, Irrationale und Nicht-Klassische. Die Goten wären darüber allerdings entsetzt gewesen.

Aber es stimmt ja – sie waren die ersten Barbaren, die je einen römischen Kaiser töteten. Doch das geschah im Jahr 251, also in den krisengeplagten Tagen des 3. Jahrhunderts. Schon im 4. Jahrhundert waren sie die ersten christlichen, des Schreibens kundigen Germanen und hatten sogar die Bibel aus dem Griechischen ins Gotische übersetzt. Sie waren treue *foederati* Roms und hatten »eine althergebrachte Anhänglichkeit an das Kaiserhaus Konstantins bewahrt« (Gibbon). Die Zerstörung Roms durch ihre Hände begann mit einer verzweifelten Bitte um Asyl innerhalb seiner Grenzen.

Im Jahr 375 erschienen die Hunnen aus den eurasischen Steppen und verjagten die Goten aus Gebieten der heutigen Ukraine in Richtung Donau. Diese flehten darum, den Fluss überqueren zu dürfen, um sich in den ärmsten Regionen des Imperiums, dem sie so treu gedient hatten, niederzulassen. Die Römer standen vor der Alternative, »eine unabsehbare Menge von Barbaren aufzunehmen oder abzuweisen, die, getrieben von Verzweiflung und Hunger, um Erlaubnis bitten, auf dem Gebiet einer zivilisierten Nation siedeln zu dürfen« (Gibbon), und entschieden sich für die schlechteste aller Lösungen: Die Goten wurden zwar über die Donau geschifft, dann allerdings unter so harten Bedingungen angesiedelt, dass Roms Bittstellern, ausgehungert und verzweifelt, nichts anderes übrig blieb, als innerhalb des Imperiums einen Krieg vom Zaun zu brechen.

Im Jahr 378 töteten sie Kaiser Valens, bezwangen seine Armee bei Adrianopel in der heutigen Türkei und wurden so zu den Königsmachern des Reichs. Als die Westgoten unter Alarich 410 Rom plünderten, war dies nichts weiter als ein größerer Kollateralschaden im Krieg zwischen Römern und Germanen: Alarichs Hauptgegner, Stilicho, war selbst ein Vandale aus dem heutigen Österreich. Nachdem Rom 455 erneut erobert worden war, wurde das westliche Imperium in den gespenstischen letzten zwanzig Jahren seiner Existenz de facto, wenn nicht gar de jure vom Warlord Ricimer, dessen Vater Suebe und dessen Mutter Westgotin war, regiert. Dieser ernannte und tötete Kaiser, als wären sie subalterne Diplomaten. Schließlich wurde das Westreich von Odoaker – es steht nicht fest, ob er germanischer Abstammung war oder nicht – endgültig zerschlagen. Von nun an bis ins Jahr 800 hinein meinte man, wenn vom Römischen Reich die Rede war, nur das östliche Reich mit der Hauptstadt Konstantinopel (oder Byzanz).

Odoaker selbst wurde 493 vom römischsten aller Goten eigenhändig getötet, von Theoderich dem Großen (454–526). Theoderich übernahm faktisch dessen Rolle und wurde unabhängiger Führer Italiens. Von seiner Hauptstadt Ravenna aus schenkte er Italien etwas, das es

seit den Zeiten von Konstantin zwei Jahrhunderte zuvor nicht mehr erlebt hatte: dreißig Jahre stabiler Herrschaft und nahezu vollkommenen Frieden.

Sein außergewöhnliches Grabmal steht noch heute in Ravenna und sieht aus wie der Beitrag eines Studenten der klassischen Architektur zur Maginot-Linie. Das Dach besteht aus einer einzigen, unglaubliche dreihundert Tonnen schweren Kalksteinplatte.

Die beiden abgebildeten, um 500 geprägten Münzen stellen einmal Zenon, den Römischen Kaiser (des überlebenden Oströmischen Reichs) dar, dann Theoderich, den König der Goten, Herrscher über Italien und formal Zenons Untertan. Beide lebten in Palästen, erließen Gesetze und ließen als Christen prächtige neue Kirchen bauen.

Die gotische Münze rechts stellt keinen Barbaren dar, doch genauso wenig ist die römische links mit jenen aus der Zeit Hadrians vergleichbar. Der Verfall und Untergang Roms fiel mehr oder weniger mit dem Aufstieg der Germanen zusammen.

Noch 235 waren all die Germanenstämme ungebildete Barbaren unter römischer Herrschaft. Als Theoderich

Die germanischen Reiche im Todesjahr des Theoderich
526 n. Chr.

526 starb, waren sie mächtige Christen, die fast das gesamte frühere Westreich beherrschten.

Die Erfolgreichsten von ihnen waren jedoch, wie sich herausstellen sollte, jene, die in ihrer alten Heimat, dem romanisierten Teil Germaniens, geblieben waren. Sie sollten die Vandalen, Westgoten, Langobarden und Ostgoten überdauern, der europäischen Zivilisation zu neuer Blüte verhelfen und einer großen Nation ihren Namen verleihen. Allerdings nicht der deutschen.

Teil II

DAS ZWEITE HALBE JAHRTAUSEND 526–983

*Die Wiederherstellung Roms
durch die Germanen*

DIE ERBEN
ROMS

Die Franken betreten die Bühne der Geschichte im Jahr 297 n. Chr., als Rom ihnen nach einer Invasion ins Reich erlaubt, sich entlang des Rhein-Deltas in heute belgischem, niederländischem und deutschem Gebiet niederzulassen. Mitte des 4. Jahrhunderts werden sie zu *foederati* erhoben. Es gibt eine berühmte Grabinschrift aus Aquincum (Budapest), vermutlich aus dem 4. Jahrhundert, die sehr schön ausdrückt, welches Selbstbild den Toten prägte: »*Francus ego, civis Romanus, miles in armis*« (»Ein Franke bin ich, ein römischer Bürger, ein Soldat der Armee«).

Als nomadische Reiterhorden im 4. und 5. Jahrhundert vom Südosten des Kontinents aus Europa verwüsteten, gewann die Geografie, wie so oft in der Geschichte, eine schicksalhafte Bedeutung. Die Franken siedelten weit genug im Nordwesten, um von den schlimmsten Vorstößen verschont zu bleiben. Sie überlebten den Zusammenbruch der südeuropäischen Wirtschaft, weil sie intensiven Seehandel mit Britannien und Skandinavien trieben. Durch ihren langjährigen Umgang mit den Römern hatten sie gelernt, ihre Länder mit *castra* – befestigten Sützpunkten, die schon die Römer so genannt hatten – zu schützen und die Aufmerksamkeit ihrer wandernden Cousins auf leichtere Eroberungsziele zu lenken. Die Franken waren also als Einzige nicht an den Völkerwanderungen beteiligt. Sie blieben in ihren eigenen Ländern, wo ihre militärische Elite neben dem Germanischen seit Langem auch Latein sprach. Von einem ungewöhnlich sicheren und von zwei Kulturen geprägten Stützpunkt aus gelang es ihnen, sich inmitten des allgemeinen Chaos langsam Richtung Süden und Westen auszubreiten, bis ihr Königsgeschlecht, die Merowinger, in die Geschichte eintrat.

Wie die Merowinger sich selbst sahen, wird am Grab des Gründervaters der Dynastie, Childerich I., der 482 n. Chr. starb, deutlich. Als es 1653 entdeckt wurde, waren seine Gebeine in den immer noch sichtbaren Mantel eines römischen Befehlshabers gehüllt. Man hatte ihn für das Jenseits mit Münzen ausgestattet, die teilweise sogar aus der Zeit der römischen Republik stammten. Aus Sicht des ersten Merowingers und seiner Trauergemeinde starb Childerich I. als Heerführer des Römischen Reichs. Im Jahr 486 schlug sein Sohn Chlodwig die letzten Rivalen, die ebenfalls den Anspruch erhoben, das Weströmische Reich zu vertreten, und konvertierte daraufhin 496 zum Christentum. Dass das Römische Reich theoretisch bereits untergegangen war, hatte im Rheinland so gut wie keine Bedeutung.

Als die Macht der Goten in den Gotenkriegen 535–554 n. Chr. für immer gebrochen wurde – allerdings um den Preis der Erschöpfung Konstantinopels –, waren die Merowinger die großen Nutznießer. Sie verbrachten das gesamte 7. Jahrhundert damit, das heutige Frankreich zu sichern. Doch entscheidend ist, dass sie ihre Machtbasis am Rhein nie verloren oder verlassen haben. Der Rhein stellte im Jahr 700 ebenso wenig eine kulturelle Grenze dar wie 58 v. Chr. Sie organisierten ihr – aus heutiger

Sicht – franko-germanisches Reich mithilfe lateinischer Kodizes, die germanische Stammesgesetze mit dem rechtlichen Erbe Roms mischten.

Im Jahr 732 wurden sie schließlich zu den Rettern der westlichen Zivilisation. Der scheinbar unbezwingbare, hypermoderne, Religion und Staat in eins setzende Islam stieß in Gestalt des Ummayyaden-Kalifats über Spanien nach Frankreich vor, wurde aber für alle Zeiten in der Schlacht bei Tours aufgehalten. Es war jedoch kein König, der die muslimischen Armeen bezwang: Die letzten Merowingerkönige waren notorisch schwach, und die tatsächliche Macht lag bei ihren obersten Dienern. Der Held von 732 war der mit dem äußerst unheroischen Titel »Hausmeier« ausgestattete Karl Martell.

Karl Martells Sohn Pippin beendete 751 die Fiktion Merowingischer Macht und gründete seine eigene fränkische Dynastie. Doch als Usurpator benötigte Pippin dringend Legitimation – und umgekehrt benötigte der Papst einen mächtigen Verbündeten, um seine Unabhängigkeit gegen Byzanz sowie gegen die in Italien eingedrungenen Langobarden zu schützen. Im Jahr 753 überquerte Stephan II. als erster Papst die Alpen. Pippin verpflichtete die Franken, das Papsttum zu verteidigen, und übertrug dem Papsttum in der *Pippinischen Schenkung* Provinzen, welche die Päpste als ihr weltliches Eigentum regieren sollten. Im Juli 754 wiederum salbte Stephan persönlich und öffentlich Pippin und seine zwei Söhne im Rahmen einer feierlichen Zeremonie in Saint-Denis mit heiligem Öl.

Dieser Deal zwischen der römischen Kirche und der fränkischen Macht wurde zur Blaupause für kom-

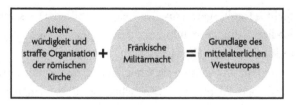

Der Deal von Saint-Denis im Jahr 754

mende Jahrhunderte: Die Kriegsherren verliehen einen Teil ihrer irdischen Macht und ihres Wohlstands an die Kirche; die Kirche erklärte diese im Gegenzug zu mehr als bloßen Kriegsherren. Die Teilung der Macht nach diesem Modell ließ sich noch bis weit ins 20. Jahrhundert beobachten, so etwa in Francos Spanien oder De Valeras Irland.

In Westeuropa gingen die Lichter wieder an. Einer der beiden Knaben, die in Saint-Denis von Papst Stephan gesegnet wurden, sollte über viele Generationen hinweg eine derart bedeutende Rolle spielen, dass die Briten bis 1971 an einem Währungssystem festhielten, das er eingeführt hatte. Sowohl die slawischen Sprachen östlich der deutschen Grenzen als auch das Ungarische entlehnten das Wort für König schlicht seinem Namen: Karl der Große.

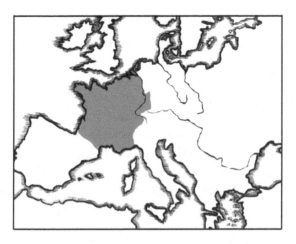

Die große Kontinuität: Römisches Gallien und Germanien
um 160 n. Chr. ...

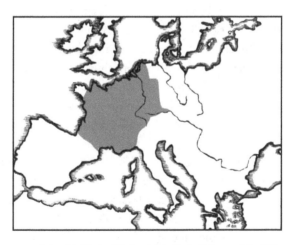

... und das fränkische Königreich in Karls Krönungsjahr 768

DIE ALLES ENTSCHEIDENDE
KONTINUITÄT

Die Erinnerung an Karl den Großen ist vor allem deshalb so dauerhaft, weil er als Brückenbauer zwischen Antike und Neuzeit die Vermittlung der Kultur des römischen Europa an das Mittelalter und weiter an uns sicherstellte.

Er erbte ein Reich, dessen Ausdehnung den Gebieten des römischen Galliens zuzüglich der germanischen Provinzen des Reichs sehr nahekam, als Rom sechshundert Jahre zuvor auf dem Höhepunkt seiner Macht gestanden hatte.

Als Franke gehörte Karl den Germanen an und sprach eine westgermanische Sprache. Doch ohne Rücksicht auf seine Muttersprache arbeitete er unermüdlich daran, dass Latein als Sprache des Gesetzes, der Verwaltung und der Religion in allen Gebieten seines multiethnischen Reichs gelehrt wurde. Dafür fanden Lehrbücher Verwendung, die er höchstpersönlich in Auftrag gab.

In der *Karolingischen Renaissance* kulminierte eine wegweisende Kontinuität: Germanen, die innerhalb oder in der Nähe des römischen Limes wohnten, wurden so gut wie immer von an Rom orientierten Eliten beherrscht. Ob es sich bei diesen Eliten nun um heidnische Römer, christianisierte *foederati* des Spätreichs oder christliche Merowinger und Franken handelte – sie alle betrachteten das Römische Reich als ihren wichtigsten rechtlichen, religiösen und diplomatischen Bezugspunkt. Die Großregion an Rhein und Donau blieb immer mit Westeuropa verbunden.

Tatsächlich war die große Frage, vor die sich der soeben

gekrönte Karl gestellt sah, eine typisch römische: Was sollte aus den nicht romanisierten, heidnischen Germanen werden, die an den östlichen Grenzen seines Reiches lebten? Karls Biograf Einhard (der sich diesen offensichtlich nicht zugehörig fühlte) beschrieb sie wie folgt:

Die Sachsen waren – wie fast alle germanischen Stämme – ein wildes Volk, das Götzen anbetete und dem Christentum feindlich gesinnt war; auch empfanden sie es nicht als ehrlos, alle göttlichen und menschlichen Gesetze zu verletzen und zu übertreten.

Nach dreißig Jahren voller erbitterter Kämpfe, Tausender Hinrichtungen und der Drohung (ab 785), dass die Ablehnung der Taufe als Kapitalverbrechen geahndet würde, gelang Karl schließlich, woran die Römer immer gescheitert waren: Er bezwang, konvertierte und regierte alle Germanen in Mitteleuropa. Nun war er für die größte seiner Taten bereit.

ROM WIEDERHERGESTELLT, ABER DEUTSCHLAND VERLOREN?

Am Weihnachtstag des Jahres 800 wurde Karl der Große zum römischen Kaiser gekrönt. Die Öffentlichkeit huldigte ihm, und Papst Leo III. erklärte ihn zum *imperator* und *augustus*. Der gesamte Kontinent interpretierte die Krönung als Restauration. Karls Hauptstadt Aachen

wurde das neue Rom genannt. Sein offizielles Siegel sagte es eindeutig: »*Renovatio Romani Imperii*« (»Erneuerung des Römischen Reichs«). Seine mit *Karolus Imp Aug* bedruckten Münzen orientierten sich bewusst an jenen aus Roms lange vergangener Glanzzeit: Er blickt uns nicht wie einige der späten römischen Kaiser ins Gesicht, sondern zeigt sich lorbeerbekränzt im klassischen Profil.

Das westliche Imperium war wieder da, und sein Machtzentrum lag im Westen Deutschlands. Als Karl der Große den Grenzverlauf zwischen seinem Reich und den Heiden im Osten festsetzte, benutzte er sogar den römischen Namen für seine Grenze: *Limes*.

Nun saß ein Deutscher auf dem Thron der Cäsaren und regierte ganz Westeuropa von einer Stadt aus, die später einmal zu Deutschland gehören sollte. Doch paradoxerweise stand die germanische Kultur gerade jetzt vor ihrer Auslöschung, denn das Imperium Karls des Großen verwaltete, urteilte und betete auf Latein.

Deutschsprachige Aufzeichnungen aus der Zeit um 800 n. Chr.

Fast alles, was wir über die germanischen Sprachen wissen, stammt aus religiösen Texten und Fragmenten, die aus dem Lateinischen übersetzt wurden, dazu ein paar Zaubersprüche und ein wunderbares zweiseitiges Fragment einer epischen Dichtung: das *Hildebrandslied*, das vom Schicksal eines Vaters und seines Sohns erzählt, die in gegnerischen Armeen kämpften. Die erstaunlichsten Überreste aber sind kleine Sammlungen mit nützlichen Alltagsphrasen, die Romanischsprachigen helfen sollten, den unteren, des Lateinischen unkundigen Schichten Befehle zu erteilen oder Beleidigungen an den Kopf zu werfen: *skir minen part* (schere meinen Bart), *gimer min suarda* (gib mir mein Schwert), *undes ars in tino naso* (Hundearsch in deiner Nase).

Die Bezeichnung, die später die Bedeutung »deutsch« annahm, hatte ursprünglich nichts mit Deutschland zu tun. Ein päpstlicher Gesandter berichtete 786, dass Kirchenangelegenheiten in England sowohl auf Lateinisch als auch auf *theodisce* (also in der Sprache des Volkes – theod = Volk –, in diesem Fall der Angelsachsen) verkündet wurden. Später bezeichnete man mit *lingua theodisca* die nicht-lateinischen germanischen Sprachen, und hieraus wurde schließlich »Deutsch« und *»dutch«* (englisch für »Niederländisch«).

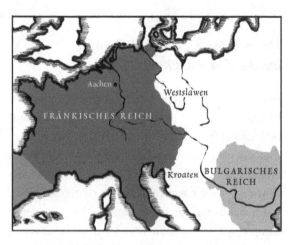

Kein Platz für Deutsche: Europa im Jahr 814

An der Ostgrenze des Reichs betrat nun jedoch ein großes neues Volk die europäische Bühne: die Slawen. Niemand weiß mit Bestimmtheit, wann oder wo sich die Slawen als Volk formierten (patriotische Russen, Ukrainer und Polen beanspruchen die Ehtnogenese jeweils für sich), doch um 800 hatten sie bereits die Länder rechts der Elbe und teilweise sogar am jenseitigen Ufer besetzt.

Als Karl der Große 814 starb, war das Gebiet, das die Römer um 150 n. Chr. *Germania magna* – Großgermanien – genannt hatten, vollständig zwischen dem wiedererstandenen, lateinisch dominierten Imperium mit seiner Machtbasis am Rhein und den aus dem Osten anrückenden Slawen aufgeteilt.

Außer den im finsteren Heidentum verharrenden Skandinaviern gab es nun kein Volk auf dem ganzen europäischen Festland, das in germanischer Sprache regiert wurde. Hätte sich Karls Reich, mit seiner Vorliebe für alles Lateinische, für einige weitere Generationen gehalten – wer weiß, ob nicht die gesamte fränkische Kultur der ihrer Cousins, den einst so mächtigen Goten und Vandalen, in die verstaubten Geschichtsbücher gefolgt wäre?

DIE GEBURT DEUTSCHLANDS

Nach Karls Tod begann so etwas wie eine dreißig Jahre lange Folge von *Game of Thrones:* ein wilder Reigen von Aufständen, Allianzen, Usurpationen, Restaurationen, Familienfehden, feierlichen Eiden und krassen Eidbrüchen, der zum Zusammenbruch des großen Reichs führte und die nationalen Umrisse des heutigen Europas schuf.

Im Jahr 842 kamen zwei von Karls einander bekriegenden Enkeln, Ludwig der Deutsche (der östlich des Rheins herrschte) und Karl der Kahle (der das heutige Frankreich regierte), mit ihren Armeen nach Straßburg, um mit dem dritten Bruder Lothar eine Vereinbarung zu treffen. Diese Zusammenkunft war so wichtig, dass es für die Brüder und ihre wichtigsten Berater – die selbstverständlich alle Latein beherrschten – nicht ausreichte, nur untereinander zu verhandeln. Ein jeder von ihnen wollte, dass alle seine Anhänger genau verstanden, was ihnen versprochen wurde. Doch es gab da ein Problem: Die Menschen aus Westfranken und Ostfranken konnten einander nicht verstehen. Die einzige Lösung für Karl und Ludwig war es, sich auf Lateinisch zu einigen und ihre Schreiber anzuweisen, die Vereinbarungen ins

West- beziehungsweise Ostfränkische zu übersetzen. Darüber hinaus verständigten sich die beiden darauf – und hierbei handelt es sich mit Sicherheit um eine der anschaulichsten Szenen der europäischen Geschichte –, das Memorandum persönlich und in der von den Soldaten des jeweiligen Bruders gesprochenen Sprache vor allen Anwesenden zu verlesen. Diese *Straßburger Eide* sind für Sprachhistoriker pures Gold: An diesem Tag wurde erstmals eine frühe Form des Französischen schriftlich festgehalten, und Deutsch erhielt den Rang einer Diplomatensprache.

Die Straßburger Eide von 842

Beide Eide beginnen übersetzt mit »Für die Liebe Gottes und des christlichen Volkes …«.
Ludwig der Deutsche (an Karls westfränkische Armee gerichtet): »*Pro Deo amur et pro christian poblo …*«
Karl der Kahle (an Ludwigs ostfränkische Armee): »In godes minna ind in thes christianes folches …«

Ein Jahr später, 843, wurde das Reich im *Vertrag von Verdun* zwischen den drei überlebenden Enkeln Karls des Großen, also Karl, Ludwig und Lothar, aufgeteilt.

Nun, in der Geburtsstunde Deutschlands im heutigen Sinne, stellte sich erneut die von Tacitus knapp 750 Jahre zuvor aufgeworfene Frage: Es war eindeutig, wo Ludwigs Reich begann – entlang des Rheins natürlich –, doch wo genau endete es? Niemand wusste es. Der Vertrag von

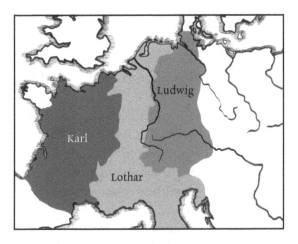

Die fränkische Reichsteilung von 843

Verdun übertrug Ludwig schlicht alles Land jenseits des Rheins: *ultra rhenum omne)*. Doch endete dieses *alles* dort, wo die deutschen Siedlungsgebiete endeten? Oder umfasste es auch jene slawischen Gebiete im Osten, in denen Karl zwar gehuldigt wurde, die er jedoch nie erobern konnte?

DIE SÄCHSISCHE MACHTÜBERNAHME

Im Jahr 870 teilten Ludwig und Karl Lothars Reich unter sich auf und schufen die Königreiche Westfranken und Ostfranken, aus denen Frankreich beziehungsweise Deutschland hervorgehen sollten. Von Lothars Reich blieb nur noch der Name bestehen – Lothringen – und die Erinnerung an ein von Franken, Germanen und Italienern besiedeltes Reich, eine gigantische Schweiz, die über Helvetia hinaus die heutigen Länder und Regionen Holland, Belgien, Rheinland, Elsass, Südfrankreich und Norditalien zu großen Teilen umfasste und künftige Staatsmänner wie Napoleon oder die Väter der EU umtreiben sollte.

Für die Ostfranken (die wir von nun an Deutsche nennen werden, obwohl das zu jener Zeit noch niemand tat) wurde die Elbe nun, was der Rhein für Caesar gewesen war: eine Grenze, die zu überqueren verlockend erschien, die aber zuallererst gegen lästige Barbaren verteidigt werden musste. Die späteren karolingischen Könige (876–911) mussten einen Großteil ihrer militärischen Mittel dazu verwenden, entlang der Elbe Präsenz zu zeigen, um die heidnischen Slawen aufzuhalten und ihnen weiterhin Tribute abzufordern. Die Region war so rückständig, dass diese Tribute oft nicht in Geld, sondern in Honig entrichtet wurden.

In dieser Zeit zogen in Nord- und Osteuropa schwere Stürme auf, welche die erste Hälfte des 10. Jahrhunderts völlig beherrschen sollten. Ob durch Zufall oder nicht, bedrohten zwei extrem mobile heidnische Völker Deutschland just zu einer Zeit, als eine einmalig hohe Dichte von Vulkanausbrüchen Jahr um Jahr die Ernten zerstörte. Mehr als ein Lebensalter lang plünderten die Wikinger mit ihren Langschiffen Siedlungen an der Nordsee und rheinaufwärts, während ungarische Reiterscharen tief in den Südosten des Reiches einfielen. Dies schwächte unwiderruflich die Stellung des letzten karolingischen Kaisers, Ludwig das Kind (auch bekannt als Ludwig III. und Ludwig IV., was zeigt, wie verworren die Lage war). Die Deutschen sehnten sich verzweifelt nach einem starken

König, der sich Deutschland ganz widmete. Niemand hatte etwas von einer Dynastie – wie angesehen sie auch sein mochte –, die ihr Erbe ständig weiter teilte und stets mit einem Auge nach dem Glanz Roms schielte.

Als Ludwig 911 starb, trafen die Großen des Reichs eine Entscheidung, die den deutschen Thron in Westeuropa einzigartig machte: Sie verbannten das Prinzip der Erbfolge und kehrten zur alten germanischen Praxis der Königswahl zurück. Ihre Wahl fiel auf Konrad, Herzog von Franken, der lediglich über die Mutterlinie mit den Karolingern verbunden war.

Von nun an ist die Geschichte der deutschen Thronfolge von einem ständigen Kampf zwischen Königtum und Hochadel geprägt. Denn natürlich wollten die Könige, dass ihre Söhne sie beerbten; doch immer dann, wenn ein König zu mächtig wurde oder zu schwach war, würden sich die Großen des Reiches daran erinnern, dass der deutsche Thron eigentlich durch Wahl besetzt wurde.

Als Konrad 918 starb, gelang es ihm nicht, seinen königlichen Willen gegen seine vormaligen Standesgenossen aus dem Hochadel durchzusetzen. Gewählter Nachfolger wurde Heinrich, Herzog von Sachsen – sein Beiname lautete »der Vogler«, da der eifrige Jäger angeblich gerade die Netze seiner Vogelfallen auslegte, als ihn die Nachricht seiner Königswahl erreichte. Heinrich interessierte sich nicht für das Römische Reich – sein eigener Stamm war erst vor einem guten Jahrhundert zum Christentum konvertiert –, aber umso mehr dafür, die östlichen Grenzen gegen die Slawen und die Ungarn zu sichern.

Er konzentrierte seine neue Macht also auf die heimischen Gefilde, sicherte die Reichsgrenzen, erweiterte seine Angriffskapazitäten und mehrte sein Ansehen. Reliquien, am berühmtesten wohl die Heilige Lanze – angeblich jene Lanze, die Jesus am Kreuz in die Seite gestoßen wurde –, gingen nun systematisch nach Sachsen, und in der sächsischen Ostmark wurden neue Befestigungen wie die Burg von Meißen angelegt. Die Oberherrschaft bis zur Elbe wurde wiederhergestellt. Zur Abwehr der Ungarn baute Heinrich unermüdlich eine Armee mit starker Kavallerie auf, um sie den Angriffen der berittenen Horden entgegenzustellen. Im Jahr 933 besiegte er sie vernichtend. Heinrichs Siege machten ihn so mächtig, dass er die Großen des Reichs dazu zwingen konnte, seinen erstgeborenen Sohn Otto als Nachfolger zu akzeptieren.

Zum ersten Mal überhaupt hatte ganz *Germania* zwischen Rhein, Donau und Elbe einen Herrscher, der kein Franke war und dessen Thronbesteigung sich dennoch vorrangig aus seiner Herkunft ergeben hatte. Deutschland schien auf dem Weg zur Erbmonarchie und zu nationaler Einheit.

DAS SILBERNE ZEITALTER

Das Problem war nur, dass die deutschen Könige niemals die imperiale Größe Karls des Großen vergessen konnten. Otto der Große etwa wurde 936 in Aachen auf Karls steinernem Thron zum König gekrönt, obwohl er nicht im Entferntesten mit ihm verwandt war. Es handelte sich also um eine Absichtserklärung.

Doch bevor er sich Rom widmen konnte, musste sich

Otto der Frage nach dem Osten stellen. Während seiner Regentschaft wurde das Wort *teutonici* erstmals nördlich der Alpen aufgezeichnet, und zwar in höfischen Dokumenten, die zwischen Ottos deutschen Untertanen und den *sclavani* unterschieden. Die Slawen beantworteten dies auf ihre Weise und prägten das Wort *nemci* (Sprachlose, Stumme) für die Deutschen. Seine Wurzel steckt bis heute in jeder slawischen Sprache. Fast tausend Jahre nachdem übernatürliche Mächte Drusus dazu rieten, hier haltzumachen, war die Elbe immer noch die große Scheidelinie zwischen dem nach Rom orientierten *wir* und dem *ihr* für die anderen – oder umgekehrt.

Schon bald konnte Otto auch jenseits der Elbe seine Herrschaft festigen und gründete 948 die zwei neuen Bistümer Havelberg und Brandenburg. Eine Grenzfestung am Fluss, schlicht als »große Burg« *(magado burga)* bekannt, wurde seine religiöse, militärische und politische Hauptstadt Magdeburg. Die Region zwischen den Flüssen Elbe beziehungsweise Saale und Oder wurde in Marken aufgeteilt (eine Mark war der mittelalterliche Begriff für Grenzgebiete, in denen die Macht des Königs nur teilweise griff und vergleichsweise unabhängige Markgrafen in seinem Namen mit harter Hand regierten). Diese Marken stimmten territorial erstaunlich genau mit dem späteren Ostdeutschland überein.

Nachdem Otto die Ungarn in der großen Schlacht auf dem Lechfeld im Jahr 955 vernichtend geschlagen hatte, waren die östlichen Grenzen gesichert, und er konnte ein Auge auf den größten aller Siegespreise lenken: die römische Kaiserkrone Karls des Großen.

Doch es gab ein Problem. Das mittelalterliche Europa

Marken im Reich
Ottos des Großen

Umkämpfte deutsche/slawische Gebiete um das Jahr 960

war besessen von Legitimität, weil nur ein nachvollzieh-
barer Rechtsanspruch der rohen Gewalt Einhalt zu gebieten vermochte. Otto musste seinen Standpunkt, der
wahre Kaiser zu sein, rechtfertigen. Da er nicht im Ge-
ringsten mit Karl dem Großen verwandt war, konnten
es also keine Blutsbande sein. Ebenso wenig konnte er
für sich beanspruchen, über dasselbe Reich wie Karl der
Große zu herrschen, da er nicht über das Westfränkische Reich (Frankreich) verfügte. Mit welchem Recht
also war er Kaiser? Seine Hofbeamten und Geistlichen
brachten ihn auf eine Idee, die noch Jahrhunderte nach-
hallte: dass es eine mysteriöse, aber tiefe Verbindung
zwischen der Krone Deutschlands und jener des vergangenen Römischen Reichs gebe. Diese Vision nannte
man *translatio imperii*.

So wurde Otto 962 zwar ordnungsgemäß zum rö-

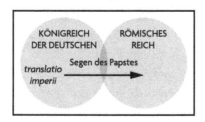

mischen Kaiser gekrönt, doch die Schwierigkeiten, die dieses Verhältnis mit sich brachte, wurden nahezu unmittelbar im Anschluss deutlich. Denn der Papst konnte zwar eine Herrschaft legitimieren und aufwerten; er konnte dabei behilflich sein, riesige Herrschaftsgebiete zu einen. Doch wer sich auf diese Weise an den Papst band, verpflichtete sich auch dazu, ihn zu schützen.

Otto, der in Deutschland allmächtig war, verbrachte anschließend mehrere Jahre in Italien und verlor währenddessen in seinen Kernländern zunehmend an Macht. Sein Sohn Otto II. lenkte seine Anstrengungen noch mehr auf Rom, wo er 983 jung starb und Otto III. als kleines Kind zurückließ. Im selben Jahr suchten in den Marken Deutschlands die Völker jenseits der Elbe ihre Chance.

Der Slawenaufstand von 983 ist für die slawische Geschichte so zentral wie das Jahr 9 n. Chr. für die deutsche. Dieses Ereignis garantierte ihr kulturelles Überleben. Und genauso, wie die Römer im Jahr 9 n. Chr. alle Besitzungen jenseits des Rheins verloren, wurden die Deutschen im Jahr 983 über die Elbe zurückgedrängt. Innerhalb weniger Jahrzehnte festigten die Polen, Tschechen und die einst gefürchteten Ungarn ihre eigenständigen christlichen Reiche. Diese neuen Königreiche zahlten keine Tribute an deutsche Herrscher und hatten eigene, direkte Verbindungen zum Papst.

Plötzlich war Europa viel größer geworden. Deutschland endete immer noch genau dort, wo Drusus und Germanicus tausend Jahre früher haltgemacht hatten, an der Elbe. Doch jetzt existierten christliche Königreiche mehr oder weniger weit jenseits seiner östlichen Grenzen. Deutschland lag nicht mehr länger am Rand Europas, sondern in seiner Mitte.

Wie aber fügte sich Deutschland in dieses nunmehr erweiterte Europa ein? Entschied Rom, was in ganz Europa und damit auch in Deutschland zu geschehen hatte? Oder standen die deutschen Herrscher – wie von Otto dem Großen behauptet – in einer besonderen Beziehung zum untergegangenen Römischen Reich, die sie zu den selbstverständlichen Gebietern über ganz Europa machte?

Teil III

DAS DRITTE HALBE JAHRTAUSEND 983–1525

Es tobt ein Kampf um Deutschland

DER DREIKAMPF

Die deutsche Geschichte in den folgenden gut fünf Jahrhunderten ist ein einziges Kräftemessen zwischen König,
Adel und Kirche. In gewisser Weise ähnelt sie damit der
englischen und französischen Geschichte, doch waren
die Verhältnisse in Deutschland noch komplizierter: ers-
tens aufgrund der Tradition einer eher auf Wahl als auf
Erbfolge beruhenden Monarchie und zweitens wegen
der für die deutschen Könige fatalen Versuchung, sich
auch als Kaiser von Rom zu betrachten.

Könige, Fürsten, Päpste

Das Personal änderte sich, die ihrem Handeln zugrunde liegenden Kräfte blieben hingegen über die
Jahrhunderte dieselben:
ALLE KÖNIGE wollten die Thronfolge erbrechtlich
regeln und römischer Kaiser werden. Dazu benö-
tigten sie die Unterstützung der Adligen und des
Papstes, doch ohne ihnen zu sehr nachzugeben.
ALLE ADLIGEN wollten einen König wählen, der
stark genug war, die Ordnung im alten Westen
Deutschlands und auch im restlichen Deutschland zu
verteidigen, aber nicht stark genug, um die Wahl-
monarchie abzuschaffen.
ALLE PÄPSTE wollten starke Kaiser, welche die
Kirche schützen und diese brauchen würden, doch

nicht so stark, dass sie das Papsttum kontrollieren könnten.

Zunächst schien es, als hätte die neue Dynastie der Salier alles in den Griff bekommen. Sie stellte mit dem erfolgreichen Kriegsherrn Konrad II. den neuen König, nachdem der letzte Ottone Heinrich II. 1024 kinderlos gestorben war. Konrads Sohn Heinrich III. bestieg nach ihm ohne Widerspruch der Reichsfürsten den Thron und setzte nacheinander vier gefügige deutsche Päpste ein. Die Krone stand auf dem Höhepunkt ihrer Macht. Doch 1056 beging Heinrich *den* Kardinalfehler eines jeden mittelalterlichen Königs: Er starb, bevor sein einziger Sohn dem Knabenalter entwachsen war. Da Heinrich IV. noch ein Kind war, wurden altbekannte Begehrlichkeiten wach.

Die deutschen Adligen lagen in heftiger Konkurrenz zueinander. Die Slawen jenseits der Elbe wendeten sich noch einmal in Massen dem Heidentum zu, töteten ihren zum Christentum konvertierten König und belagerten Hamburg. Schließlich gelang es Heinrich, mittlerweile erwachsen und aktiv regierend, den Frieden an der Elbe wiederherzustellen und sich mit dem Adel zu einigen – nur um erleben zu müssen, wie der strenge neue Papst Gregor VII., ein erfahrener italienischer Machtpolitiker, ganz eigene Pläne verfolgte.

Gregor sah in Heinrichs Schwierigkeiten die Chance, das Papsttum von der deutschen Herrschaft zu befreien. Auch dank der Vereinbarungen zwischen Kirche und Krone, die seit den Tagen der frühen Karolinger getroffen wurden, waren führende Kirchenmänner zugleich oft

Rex rogat Abbatem. Mathildim Supplicat Atq;

Heinrich IV. bittet die Hausherrin von Canossa, Mathilde von Tuszien, zwischen ihm und Papst Gregor VII. zu vermitteln.

hochrangige Gefolgsleute des Kaisers mit großer weltlicher Macht. Gregor wollte diese nun ausschließlich vom Papst auswählen und einsetzen, oder: investieren, lassen. So wurde der *Investiturstreit* zu einer riesigen Bedrohung für die Königsherrschaft. Heinrich schlug zurück und behauptete, der Papst sei nur Papst, wenn der deutsche König und römische Kaiser dies so bestätigte. Gregor konterte mit seinem letzten Trumpf: Er exkommunizierte Heinrich und machte so mit einem Schlag alle Treueschwüre zunichte, die dessen Untertanen dem König geleistet hatten.

Heinrichs Macht über seine Fürsten war zu gering, um diese Gefahr zu überstehen. Deshalb unternahm er eine Winterreise, die zu den ikonischen Momenten des Mittelalters zählt. Im Januar 1077 überquerte der deutsche König und römische Kaiser, nur in Begleitung seiner Familie und eines kleinen Gefolges, die schneebedeckten Alpen Richtung Italien. Dort harrte er drei Tage barfuß und im Büßerhemd vor der Burg Canossa aus, bis Papst Gregor schließlich einlenkte und ihn wieder in die Kirche aufnahm.

Dies war jedoch nur eine kurze Verschnaufpause. Die Kirche unterstützte weiterhin den rebellischen Adel. Heinrich zog daraufhin ein weiteres Mal nach Italien und sah sich plötzlich in einen Krieg gegen seinen eigenen Sohn verwickelt. Gegenpäpste und Gegenkönige wurden mit alarmierender Regelmäßigkeit proklamiert. Schließlich erkannten beide Seiten, dass es so nicht weitergehen konnte. Mit dem *Wormser Konkordat* von 1122 versuchten Papst und Kaiser die Wogen zu glätten, indem sie neue bischöfliche Amtsinsignien einführten und theatralische Anweisungen ausarbeiteten, wie und von wem Bischöfe investiert werden sollten. Die einzigen echten Gewinner waren der Hochadel und die deutschen Kirchenmänner, welche die Jahrzehnte dauernde Hängepartie dazu genutzt hatten, ihre Unabhängigkeit vom König beziehungsweise Papst zu stärken.

DER WENDENKREUZZUG

Es gab jedoch eine Sache, auf die sich die deutschen Adligen, der König/Kaiser und der Papst immer einigen konnten: einen Kreuzzug. Und vor der eigenen Haustür bot sich ein besonders einträglicher an.

Zu Beginn des 12. Jahrhunderts hatten sich die klimatischen Bedingungen in Europa gegenüber den trüben Tagen des frühen 10. Jahrhunderts erheblich verbessert. Was auch immer wir heute über die Erderwärmung denken mögen, für die Bauern Nordeuropas war die mittelalterliche Warmzeit von ca. 1000 bis 1300 ein wahrer Segen, der in entwickelten Regionen zu einer regelrechten Bevölkerungsexplosion führte. Ostelbien war immer ein Niemandsland jenseits der Elbe gewesen: weder deutsch noch polnisch, bewohnt von heidnischen Slawenstämmen, zusammenfassend als Wenden bekannt, eine raue, kalte und abgelegene Gegend voller Sümpfe, Wälder und Flüsse. Doch die längeren Vegetationsperioden ließen auch diese Gegend als potentielles neues Ackerland verlockend erscheinen. Deutsche Fürsten hatten bereits begonnen, sich ihren Teil des Kuchens zu sichern.

Im Jahr 1147 verkündeten der Papst und sein Vertrauter und Berater Bernhard von Clairvaux (der Heilige Bernhard) offiziell den Wendenkreuzzug. Die Kirche plante einen totalen Krieg: Die heidnischen *Handlanger des Teufels* sollten zum Christentum gezwungen werden (im Widerspruch zur üblichen Doktrin, wonach eine Bekehrung nur durch freien Willen möglich sei), und die Schlacht solle nicht enden, bis »entweder ihre Rituale oder ihre Nation selbst ausgelöscht sind«.

Doch der Plan ging nicht auf. Die Heiden wehrten sich so heftig, dass die deutschen Kreuzritter anfingen, die oberflächlichsten Zeichen der Bekehrung, etwa auf den Zinnen belagerter Burgen hastig aufgestellte Kreuze, anzuerkennen. Die Beobachter des Papstes schickten erzürnte Berichte nach Rom, wonach die deutschen

Fürsten lediglich ihre eigene feudale Agenda von Eroberung und Tribut verfolgten und sich den radikaleren Anweisungen der Kirche entzogen. Weit entfernt von dem harten Streich, den Bernhard sich vorgestellt hatte, zerfaserte die Eroberung Ostelbiens in eine Abfolge von Ad-hoc-Abmachungen mit lokalen Anführern.

Der unvollständige deutsche Sieg jenseits der Elbe sollte tiefgreifende Wirkungen auf die Zukunft der Region haben. Obwohl sich viele landhungrige Deutsche in Ostelbien ansiedelten, konnte die alte slawische Bevölkerung ihre Sprache und Kultur in Nischen erhalten. Ihre Anwesenheit erinnerte die Bevölkerung über Generationen daran, dass dies ein Kolonialgebiet war, das man mit Gewalt Menschen geraubt hatte, die weiterhin auf diesem Gebiet siedelten und eines Tages zurückschlagen könnten.[2] Bis heute leben Nachfahren der Wenden, die Sorben, nordöstlich von Dresden.

Dieses brandneue Siedlungsgebiet sollte auf Dauer ein spürbar anderer Ort bleiben als das Deutschland, das als Teil Westeuropas bereits seit tausend Jahren bestand. Geografen wissen, dass Städte, die auf -in enden (wie Ber-

---

2 In ländlichen und kolonialisierten Gegenden überdauern Ängste und Feindschaften, von den Alten an die Jugend weitergegeben, leicht ganze Jahrhunderte. Im tiefsten Süden Irlands machte mich in den Achtzigerjahren ein katholischer Kleinbauer auf ein großes protestantisches Haus aufmerksam, das, so behauptete er voller Bitterkeit, auf einem Grundstück stehe, das rechtmäßig seiner Familie gehöre. Er klang, als spräche er über einen Raub oder Betrug, der zu Lebzeiten seines Vaters begangen wurde. Doch das fragliche Haus stammte aus der Mitte des 18. Jahrhunderts.

lin), sehr wahrscheinlich östlich der Elbe liegen; ziemlich sicher sogar, wenn sie auf *-ow* oder *-itz* enden. Diese Endungen weisen auf slawische Ortsnamen hin. Überall in Brandenburg und Pommern entstanden besonders mächtige Kirchtürme, die den Dorfbewohnern im Falle eines slawischen Angriffs als Zuflucht dienen sollten.

Dorfkirche von Marienfelde, einem Stadtteil von Berlin

Noch eindeutiger war und ist der koloniale Charakter dieser Landstriche im Ordensland Preußen erkennbar. Rund um die gigantische Marienburg südlich von Danzig überzogen die Mönchsritter das Land mit einem Netz von standardisierten Kastellen, von denen aus sie das Land kontrollierten und verwalteten.

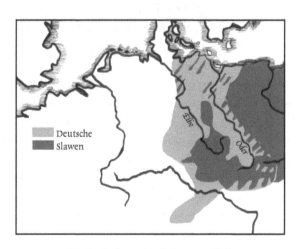

Die Besiedlung des Ostens um 1200

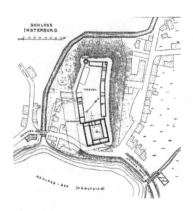

Grundriss der Ordensburg Insterburg (heute im russischen Oblast Kaliningrad) mit Vorburg und dem typischen quadratischen Grundriss der Hauptburg

Zwischen dem Rhein-Donau-Gebiet und der Elbe waren die Vorfahren der Deutschen unumstrittene Eigentümer des Landes gewesen, doch in Ostelbien – das Wort war schon vor 1147 allgemein geläufig – hatten sich die Siedler das Land mit Gewalt genommen, während die ursprünglichen Bewohner noch immer dort waren und jederzeit rebellieren konnten. Unvermeidlich entstand eine abwehrend-aggressive, koloniale Weltsicht des »sie gegen wir«, nicht anders als zum Beispiel unter britischen Siedlern im halb eroberten Irland. Es ist typisch für solche Konstellationen, dass die niederrangigen Kolonisten eine starke, rücksichtslose Autorität in Gestalt ihrer eigenen nationalen Elite als Eckpfeiler jeglicher Politik ansehen. An dieser grundlegenden Situation änderte sich über Jahrhunderte nichts. Angesichts einer so anders als im Westen verlaufenen Geschichte kann es kaum verwundern, dass sich eine ziemlich verschiedene soziale und politische Kultur entwickelte. Aus diesem Grund sprach Max Weber (*1864 †1920), einer der

Begründer der Soziologie, regelmäßig von »Ostelbien«, um diese Region als Ganze zu bezeichnen, ungeachtet lokaler Unterschiede.

DAS GOLDENE ZEITALTER

Einstweilen standen die Dinge so gut wie nie zuvor. Als Friedrich I., bekannt als Barbarossa, 1152 zum König gewählt wurde, entschloss er sich, wie so viele vor ihm, auch die Kaiserkrone anzustreben. Doch er akzeptierte eine Regelung, die im Grunde auf eine Reichsteilung hinauslief. Während er sich um das Reich in Italien und auf Sizilien kümmerte, überließ er seinem Cousin Heinrich dem Löwen, der im Wendenkreuzzug große Macht hinzugewonnen hatte, die Regierungsgeschäfte in Deutschland. Diese Machtteilung funktionierte prächtig.

Unter Barbarossas Sohn Heinrich VI. wurden neue Höhen imperialer Herrlichkeit erreicht. Heinrichs berühmtester Streich gelang 1193, als er Richard Löwenherz gefangen nahm und ihn zwang, den Kaiser auch als Lehnsherr über England anzuerkennen. Doch sein früher Tod 1197 brachte die Großen des Reichs wieder ins Spiel und gaben dem Prinzip der Königswahl Auftrieb.

Dies war eine wichtige Etappe in einem Prozess, an dessen Ende schließlich nur noch die sieben mächtigsten Fürsten und Erzbischöfe den König küren sollten. Diese sieben wurden als Kurfürsten bekannt, und sie blieben für das folgende halbe Jahrtausend im Zentrum der deutschen Geschichte. Drei von ihnen waren hohe Kleriker – die Erzbischöfe von Mainz, Trier und Köln –, die

Die sieben Kurfürsten und ihre Wappen.
Die drei geistlichen Fürsten tragen Kappen.

zugleich ehrenhalber jeweils als Erzkanzler der Reichsteile Deutschland, Italien und Burgund amtierten. Die anderen vier waren weltliche Machthaber: der König von Böhmen (der Erzmundschenk), der Pfalzgraf bei Rhein (Erztruchsess), der Herzog von Sachsen (Erzmarschall) und der Markgraf von Brandenburg (Erzkämmerer). Die drei Kirchenmänner hatten ihre Machtbasis westlich des römischen *Limes*. Von den vier weltlichen Kurfürsten regierten allerdings drei an den Grenzen, wenn nicht außerhalb des eigentlichen Deutschlands.

Friedrich II., Heinrichs nach einigen Wirren allseits anerkannter Sohn, schien 1229 auf der Höhe von Macht und Ruhm. In diesem Jahr befreite er für die Christenheit Jerusalem ohne Kampfhandlungen. Römischer Kaiser und König von Deutschland, Italien, Sizilien, Burgund und Jerusalem: Als *stupor mundi* wurde er gepriesen, als Staunen der Welt. Doch obwohl er sich vor Titeln kaum retten konnte, blieb sein Machtzentrum nördlich der Alpen von den Fürsten abhängig, die ihn 1231 dazu verpflichteten, den *Reichsspruch von Worms* zu

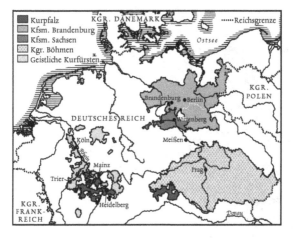

Die Kurfürstentümer im Jahr 1378

unterzeichnen. Damit stärkten sie ihr Recht, selbst über ihre Länder zu herrschen.

Die Großen des Reichs schienen nun die Herrscher über das deutsche Kernland, mit einem Kaiser als glänzende, aber ferne Gallionsfigur. Das Arrangement funktionierte offenbar, denn Deutschland erlebte ein wahrhaft goldenes Zeitalter. Das Land war das Herz Europas. Die Wirtschaft blühte, überall entstanden Meisterwerke spätromanischer Architektur, Maler und Bildhauer erschufen Kunstwerke, die es mit den größten Leistungen jeder beliebigen Zivilisation aufnehmen konnten. Und nahezu über Nacht entstand eine der vielfältigsten und glänzendsten Literaturen Europas, die in drei unterschiedlichen Formen florierte.

Der Magdeburger Reiter
(ca. 1240), die erste freistehen-
de Reiterstatue in Europa seit
dem Fall des Römischen Reichs

Der Minnesang

Die Minnesänger waren aristokratische Barden, die dem zeitgenössi-
schen Beispiel französischer Trouba-
doure folgten und feinfühlige, kurze
und formvollendete Liebesgedichte
schrieben, voller Nachtigallen, ge-
brochener Herzen und geradezu religiöser (um nicht
zu sagen blasphemischer) Bilder erotischer Inbrunst.
Sie versprühen bis heute ihren Reiz.

Die Nibelungensage

Die Volkssagen der Germanen hatten sich mit den historischen Ereignissen vermischt und nahmen Persönlichkeiten wie Attila oder Theoderich auf. Während der kulturellen Blütezeit im späten 12. und frühen 13. Jahrhundert nahmen diese Sagen im monumentalen *Nibelungenlied* literarische Gestalt an. Das deutsche Gegenstück zur *Ilias* erzählt, wie der unbezwingbare Krieger Siegfried erst von höfischer Liebe gezähmt und dann von höfischen Intriganten verraten wird. Nach seinem Tod lassen sich die Deutschen über die Donau in den Osten locken, wo sie nach einem letzten epischen Widerstand durch Attilas Hunnen ausgelöscht werden, ohne jeden noch so kleinen christlichen Trost.

Das höfische Epos

Diese Form hatte die neuesten französischen Versionen der Artussage zum Vorbild, mit langen Beschreibungen vom Glanz des höfischen Lebens und seltsamen, halb religiösen, halb erotischen Prüfungen, Missionen und irrendem Suchen – nach dem Gral, nach Liebe, nach Reinheit. Am berühmtesten sind jene, die Richard Wagner später zur Grundlage gewaltiger Opern machte: *Tristan und Isolde* und *Parzival*.

Die Ära erschien den Nachgeborenen als so außerordentlich, dass Friedrich II. in der Vorstellung der Deutschen das wurde, was König Artus für die Briten ist: der große Herrscher über ein goldenes Zeitalter, der sich eines Tages aus seinem Schlaf im Kyffhäuser erheben würde, um Deutschland aus großer Not zu retten. Freilich ging der Ruhm von Friedrich II. auf seinen Großvater Friedrich Barbarossa über, der tatsächlich »deutscher« war als der nach Süden blickende letzte Stauferkaiser.

Die Dynamik und das Selbstbewusstsein Deutschlands in diesem Zeitalter zeigt sich am deutlichsten am Aufstieg zweier zwar miteinander verbündeter, aber dennoch sehr unterschiedlicher Zusammenschlüsse von Abenteurern: am Deutschen Orden und an der Hanse.

AUS ORDENSRITTERN
WERDEN PREUSSEN

Östlich des christlichen Polens lebten die Prußen und eine Reihe weiterer heidnischer baltischer Stämme, die in etwa zwischen den heutigen Städten Danzig und Riga siedelten und vom jungen polnischen Königreich kaum zu bändigen waren.

Im Jahr 1226 unterzeichnete Kaiser Friedrich II. eines der zentralen Dokumente in der Geschichte Nordosteuropas: die Goldene Bulle von Rimini (sie erhielt diesen Namen, weil das an ihr hängende Metallsiegel aus purem Gold war).

Die Bulle richtete sich an den Deutschen Orden, welcher auf ein von Kaufleuten aus Lübeck und Bremen

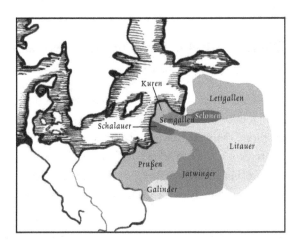

Heidnische Baltenstämme um 1220

gegründetes, für verwundete Kreuzritter im Heiligen Land bestimmtes Hospital zurückging. Nun wurden die Ordensritter aufgefordert, sich zu rüsten und das Land der Prußen zu erobern. Sollte ihnen gelingen, woran viele andere gescheitert waren, würde ihnen erlaubt werden, dort zu herrschen, nur dem Kaiser persönlich untertan.

Als ungebildete heidnische Barbaren hatten die Prußen im Gegensatz zu den christlichen Völkern keine Rechte. Tatsächlich erinnert die Art, wie der Deutsche Orden sie beschrieb, an Caesars Beschreibung der Germanen dreizehn Jahrhunderte zuvor.

Die Chronik von Preußenland *des Nikolaus von Jeroschin, um 1320*

Weil Gott ihnen unbekannt war, begingen sie den Fehler, in törichter Weise alle Kreaturen als Götter zu ehren. Donner, Sterne und Mond, Vögel, Tiere, Kröten sogar. … Ausgeburt des Teufels, die nicht an Gott glaubt … Haben sie Gäste, tun sie ihr Möglichstes, sie zufriedenzustellen (dies ist ihre größte Tugend).

Doch der Deutsche Orden ging schon bald weit über die in der Goldenen Bulle genannten Gebiete hinaus und somit weit über das, worum die Polen sie gebeten hatten. Im Jahr 1266 beschwerte sich der große englische Mönch und Gelehrte Roger Bacon über die eindeutig weltlichen Ambitionen des Ordens.

Roger Bacon beschwert sich, 1266

In Preußen und in den Ländern, die an Deutschland grenzen, haben Templer, Johanniter und die Brüder vom Deutschen Orden die Bekehrung Ungläubiger gestört; dies ist den Kriegen geschuldet, die sie ständig schüren, weil sie dort vollständige Herrschaft ausüben wollen … Das Geschlecht der Heiden war schon viele Male bereit, den Glauben im Frieden anzunehmen, der ihnen gepredigt worden war.

Aber jene des Deutschen Ordens sind nicht willens, Frieden zu halten, weil sie wünschen, diese zu unterdrücken und sie in die Sklaverei herabzudrücken.

Das Ergebnis war der Deutschordensstaat, ein stark, aber nie vollständig germanisiertes Gebiet östlich des christlichen Polens, physisch und politisch unverbunden mit dem Rest Deutschlands. Das beeindruckende Hauptquartier der Ritter, die Marienburg, war bald die größte Festung der Welt. Der Orden musste bis 1413 gegen heidnische Stämme kämpfen, und aus ganz Europa kamen ihm abenteuerlustige Adelige zu Hilfe. In Chaucers *Canterbury Tales* (1380–1400) musste der »wahrhaftige, vollkommene, vornehme Ritter« auch in *Pruce* für das Kreuz gekämpft haben. Doch mit der Zeit begann man die Ritter nach ebenjenen Heiden zu benennen, die sie auszulöschen versuchten, und eine brandneue Subnation von Deutschen jenseits von Deutschland war geboren: die Preußen.[3]

Diese Abenteurer im Kettenhemd taten sich mit ihren völlig unritterlichen Landsleuten von der *Hanse* zusammen.

---

3 Wenn in diesem Buch von den Preußen die Rede ist, dann sind die deutschsprachigen Bewohner dieses Landstrichs gemeint, zudem die Bewohner der anderen ostelbischen Regionen des von 1618 bis 1947 bestehenden brandenburgisch-preußischen Staats in all seinen Erscheinungsformen.

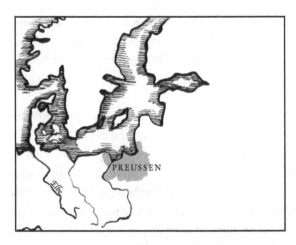

Die Lage Preußens im östlichen Mitteleuropa

DIE HANSE: LEGENDÄRE HÄNDLER ZWISCHEN LONDON UND NOWGOROD

Die Hanse war eine Vereinigung von Handelsstädten mit zwei Gravitationszentren: Köln trieb vor allem mit England und den Niederlanden Handel, Lübeck kontrollierte die Unternehmungen rund um die Ostsee.

Im Baltikum war das Zusammenspiel zwischen Hanse und Deutschem Orden ausgesprochen innig; so war etwa auf den Versammlungen der Hanse als einziger Nichtkaufmann der Großmeister des Ordens zugelassen.

Zusammen genossen die Hansekaufleute und die Kolonialritter einen monopolisierten Zugang zu den Schätzen im wilden Grenzgebiet von Nordosteuropa: Die blühenden Länder Westeuropas schienen auf Pelze, Bernstein, Teer, unerschöpfliche Vorräte an Heringen aus der nun wärmeren Ostsee, schwedisches Erz und russische Hölzer nur gewartet zu haben. Dies war in der damals bekannten Welt die letzte Schnittstelle zwischen einer modernen Geldwirtschaft und ungebildeten, heidnischen Jägern und Sammlern: Ein gewiefter Hansekaufmann, geschützt durch die Angst der Ureinwohner vor dem rücksichtslosen, schlagkräftigen Orden, konnte hier ein Vermögen verdienen.

Die Hanse wurde so reich, dass sie Geld verleihen, Entscheidungsträger bestechen und sogar Staaten wie das England Heinrichs IV. dazu überreden konnte, ihr Steuervergünstigungen, Monopole und quasi-souveräne Enklaven zu gewähren. Die Engländer nannten die Hansekaufleute *Easterlings* (»Ostlinge«), und dieser Name wurde nicht von ungefähr zum Synonym für Münzgeld von verlässlichem Wert: das Pfund *Sterling*.

Wer sich mit der Hanse anlegte, bekam eine physische Macht zu spüren, von der selbst die einflussreichsten Wirtschaftsbosse unserer Zeit nur träumen können. Im Jahr 1368 erklärte sie Dänemark und Norwegen rundheraus den Krieg – und gewann. Kein anderer so locker organisierter Akteur wie dieser – von Kaufleuten kontrollierte – Städtebund hat je in Europa so viel Einfluss gehabt.

DIE KURFÜRSTEN TRIUMPHIEREN

Der Deutsche Orden und die Hanse hatten natürlich auch Feinde. Dennoch prosperierten sie am nördlichen Rand Europas, weil jene Staaten, die ihnen vielleicht hätten gefährlich werden können, vom Südosten her von den furchterregendsten aller Invasoren bedroht wurden: den Mongolenhorden unter Batu Khan, dem Enkel Dschingis Khans.

Im Jahr 1241, als die Mongolen bereits Russland traumatisiert hatten – viele Historiker behaupten: für immer –, fielen sie in die osteuropäische Ebene ein und kamen bis auf sechzig Kilometer an die heutige deutsch-polnische Grenze heran. Dort, in der *Schlacht bei Liegnitz* schlugen sie ein Heer aus Polen, Deutschen und Tschechen, ehe sie sich der brutalen Verheerung Ungarns zuwandten.

Für die Europäer nördlich der Alpen schien sich damals der Weltuntergang anzukündigen. Als Friedrich II. 1250 starb, war Deutschland ein Land in totaler Anarchie. Rivalisierende Thronanwärter versprachen einem jeden alles Mögliche, wenn man sich nur für sie starkmachte. Im Jahr 1257 wurde sogar der englische Prinz Richard, der Bruder Heinrichs III. von England, nach einer massiven Bestechungskampagne zum König gewählt. Dieser Französisch sprechende englische Fürst besuchte sein deutsches Königreich nur wenige Male, ohne dabei je den Rhein zu überqueren, und starb 1272 als elender Gefangener eines rivalisierenden anglonormannischen Adligen. Zu diesem Zeitpunkt war der deutsche Königstitel kaum mehr als ein Witz, der Kaisertitel blieb gar für Jahrzehnte ohne Träger.

Die in Deutschland konkurrenzlos mächtigen Kurfürsten wählten 1273 schließlich einen Mann zu ihrem König, von dem sie annahmen, dass er sich nach Gutdünken kontrollieren lasse – einen deutschen Adeligen im fortgeschrittenen Alter, der aber nicht einmal den Rang eines Kurfürsten hatte. Er hieß Graf Rudolf von

Habsburg und war bereits fünfundfünfzig Jahre alt. Das also war der erste, ziemlich unspektakuläre Auftritt jener Familie, die einem großen Reich ihren Namen geben und deren zahlreiche Sprosse bis 1918 die europäische Geschichte prägen sollten.

Rudolf überraschte alle, als er sich 1278 seines Hauptrivalen, Ottokar von Böhmen, in einer der klassischen Reiterschlachten des Mittelalters, der Schlacht auf dem Marchfeld, entledigte. Doch er wurde nie Kaiser, und die Kurfürsten verweigerten seinem Sohn den Thron. Sie waren immer noch die wahre Macht im Lande und hatten kein Interesse daran, einen König zu wählen, der auch tatsächlich regierte. Die Habsburger waren zwar in der Geschichte angekommen, doch ihre Stunde hatte noch nicht geschlagen.

Mittlerweile waren die Kurfürsten im mitteleuropäischen Machtdreieck so sehr obenauf, dass sie selbstbewusst die Verbindung zwischen Reich und Papsttum aufzulösen versuchten. Im Jahr 1338 bestimmten sie, dass der zum deutschen König Gewählte nicht der Bestätigung durch den Papst bedürfe. Zuvor hatten sie tatsächlich erklärt, dass ihre Stimmen – die sie regelmäßig für riesige Summen verkauften – direkte Werkzeuge des göttlichen Willens seien.

Karl IV., der riesige Schulden angehäuft hatte, um ebenjene Stimmen zu kaufen, versuchte mit der Goldenen Bulle von Nürnberg aus dem Jahr 1356, Ordnung in das Chaos zu bringen. Da sie die Verfassung des Heiligen Römischen Reichs bis zu seiner Auflösung 1806 bestimmte, wurde sie bald nur noch *die* Goldene Bulle genannt. Oberflächlich betrachtet, handelte sie vor allem vom Glanz des Kaisers und legte eine prachtvolle Inszenierung für seine Krönung fest: »auf seinem Pferd soll kommen der König von Böhmen, der Erzschenk, und er soll führen in seiner Hand einen silbernen Becher, der zwölf Mark Silber an Gewicht hat«. Doch die kleine Schrift übergab alle rechtmäßige Gewalt an die Kurfürsten:

Aus der Goldenen Bulle von 1356 (deutsche Übersetzung von 1713)

Und dieweil von alter / guter / und löblicher Gewonheit / das nachbeschrieben / unzerbröchentlich allweg bißhero gehalten worden ist / darumb so setzen und erkennen auch Wir / aus Vollnkommenheit unsers Kayserl. Gewalts / daß der / so also vorgemelter massen zum Röm. Könige erwehlt wird / so bald solche Wahl vollbracht ist / ehe dann er in einigen Sachen oder andern Geschäfften / in Krafft des Heil. Reichs / handelt Der Erwehlte soll alsbald denen Chur-Fürsten ihre Privilegia confirmiren / allen und jeden Geistl. und Weltl. Chur-Fürsten so für die allernechste Glieder des H. Reichs erkant sind / all ihr Privilegia, Brieff / Recht / Freyheiten / Verleyhungen / (alle) alte Gewohnheiten / Würdigkeiten / und was sie vom Heil. Reich / biß auf die Zeit solcher Erwehlung / erobert und (ersessen) besessen haben / ohn Verzug und Widerrede / durch sein Brieff und Insiegel bestätigen / befestigen / und erneuern soll.

Die königlich-kaiserliche Macht war nun so klein, dass Deutschland unter Karls unfähigem Sohn Wenzel (1378–1400) erneut im Chaos versank und die Adligen alles unter sich ausmachten. So marschierte König Ruprecht 1402 nach Italien, um sich die Kaiserkrone zu holen und seine Herrschaftsansprüche zu demonstrieren. Doch auf halber Strecke über die Alpen ging ihm das Geld aus, und sein Söldnerheer schmolz auf unrühmliche Weise dahin.

Zu Beginn des 15. Jahrhunderts erschien ein zentralistisches Königreich nach französischem oder englischem Muster in Deutschland als ausgeschlossen. Für deutlich wahrscheinlicher musste man eine Zukunft mit mehreren souveränen Königreichen halten, vielleicht mit einem rein nominellen gemeinsamen Aushängeschild. Was jedoch die Machtverhältnisse wieder ins Wanken brachte, war der nie ganz abgeschlossene Kampf um die Elbe.

DAS 15. JAHRHUNDERT:
DER SCHATTEN DES OSTENS

Zu Beginn des 15. Jahrhunderts sah es so aus, als hätten deutsche Kräfte die vollständige Kontrolle über Elbe und Ostseeküste: Im Norden schien der Deutsche Orden unbezwingbar. Prag, Sitz des Königs von Böhmen und hochrangigsten Kurfürsten, war Teil der deutschen politischen Bühne. Doch nun schlugen die Slawen zurück.

Einige behaupten, ihre Chance eröffnete sich, weil der *Schwarze Tod* (1348-1351) von den deutschen Zuwanderern, die eher in engen, ummauerten Städten wohnten, einen weitaus höheren Tribut verlangte. Wie dem auch gewesen sein mag – die deutsche Vorherrschaft war mit einem Mal in Gefahr.

Im Jahr 1410 erschütterte das neue vereinte Königreich Polen-Litauen bei Tannenberg die Macht des Deutschen Ordens für immer. Zu den Kriegern, die an der Seite Polens und Litauens kämpften, zählte ein gewisser *Jan Žižka* (»einäugiger Jan«). Nach einem Intermezzo in Frankreich, wo er Heinrich V. von England bei Agincourt beistand, wurde Žižka der Anführer einer Rebellion, die sich zu einer echten Bedrohung der deutschen Machtposition auswuchs: des Hussitenaufstands der Tschechen in Böhmen unter der Flagge des Reformators Jan Hus.

Hus attackierte die Privilegien des römischen Klerus und gilt deshalb als Vorläufer der Reformation, doch hier stand der weiterhin unentschiedene Kampf zwischen Slawen und Deutschen um die Kontrolle der Elbe – oder der *Labe,* wie sie im Tschechischen heißt – im Mittelpunkt. Hus erzeugte in Prag ein für Tausende von deutschen Lehrern und Gelehrten derart schlechtes Klima, dass sie die Stadt in Scharen verließen und die berühmte Universität der Stadt in Bedeutungslosigkeit sank. Nachdem Hus 1415 auf dem Scheiterhaufen verbrannt worden war, wagten seine wütenden Anhänger, angeführt von Žižka, den Aufstand. Als geschickte Metallhandwerker waren sie Vorreiter auf dem Gebiet der Feldartillerie. In einer Zeit, als Pferde und Menschen naturgemäß noch schussscheu waren, verursachten ihre Kanonenwagen unter der aristokratischen Kavallerie Panik. Die Hussiten wehrten vier kaiserliche Feldzüge ab, fielen wiederholt in Sachsen und Franken ein und erreichten sogar die Ostseeküste, wo sie der Legende nach ihre Trinkschläuche mit Meerwasser füllten, um zu zeigen, dass nun sie, und nicht mehr die Deutschen, die Herren der Ostsee waren.

Schließlich entzweiten sich die Hussiten. Sie begannen sich gegenseitig zu bekämpfen und ermöglichten es so den Deutschen, sich zu erholen. Die Kriege endeten 1436 mit einem Kompromiss, der es den moderaten Hussiten erlaubte, Gottesdienste auf ihre Weise zu feiern. Doch für drei der vier weltlichen Kurfürsten – den König von Böhmen, den Markgrafen von Brandenburg und den Herzog von Sachsen-Wittenberg – bedeutete dieser neuerliche slawische Gegenwind eine existentielle Bedrohung ihrer Kerngebiete.

Dieses eine Mal war ihr Streben nach Stabilität größer als ihre Angst vor einem starken Kaiser. Als nun Kaiser Sigismund 1437 starb, hießen sie alle die nahtlose Thronfolge durch seinen Habsburger Schwiegersohn Albrecht II. gut. Diesem folgte sein Vetter Friedrich III. Von nun an war der theoretisch gewählte deutsche König und römisch-deutsche Kaiser, mit Ausnahme der Jahre 1742 bis 1745, praktisch ein Habsburger. Das slawische Aufbegehren verlagerte das Mächtegleichgewicht wieder in Richtung des Monarchen und gab ganz Deutschland ein Herrscherhaus, das naturgegeben schien.

Als Kolumbus in See stach, waren West- und Süddeutschland wie Frankreich oder Italien ohne jeden Zweifel ein Teil Westeuropas.

Doch zwischen Elbe und Weichsel war der bittere, seit 1147 andauernde Kampf zwischen Deutschen und

Slawen keineswegs entschieden. Dieses neue, koloniale Deutschland wuchs mit dem Westdeutschland, das schon seit 1500 Jahren unumstritten in deutscher Hand war, einfach nicht zusammen. Ganz im Gegenteil – der Riss wurde immer deutlicher spürbar. Die koloniale und damit unsichere Natur des deutschen Ostelbiens führte schließlich zum Aufstieg einer einzigartigen Adelsschicht: der Junker.

Die Junker und ihre Welt

Das Wort *Junker* bedeutete ursprünglich lediglich »junger Herr«, denn es waren die jüngeren Söhne des deutschen Adels, die auf Eroberungsfeldzügen ins feindliche Ostelbien bereitwillig ihr Leben aufs Spiel setzten. Sie waren keine Klasse, sondern eher eine Kaste, eine Kriegerelite, die auf isolierten Festungen inmitten feindlicher Gebiete lebte, in einem Land, das nach Ablösung der mittelalterlichen Warmperiode durch die Kleine Eiszeit wieder sehr randständig erschien. Als Gutsherren, eine auf Ostelbien beschränkte Herrschaftsform, waren sie praktisch unabhängige Herren auf ihren Gütern und herrschten über Menschen, die nicht nur bettelarm waren, sondern oft bis ins 20. Jahrhundert auch im kulturellen und religiösen Sinn Fremde (Polen, Balten) blieben. Da diese nie vollständig unterworfen wurden, waren die nicht adeligen Deutschen in dieser kolonialen Landschaft auf Gedeih und Verderb von ihren Junkern abhängig und entwickelten – ähnlich wie die armen Weißen im Süden der USA – ihren Herren gegenüber eine loyale Unterwürfigkeit, die mit einem Zorn auf die fremde Unterklasse einherging.

Im 15. Jahrhundert betrachteten sich die Junker nicht als Deutsche, wie das auch sonst damals niemand tat. Doch dies sollte sich ändern – und inmitten dieses Wandels sollte dieses so wesentlich andere Deutschland, Ostelbien, seine ureigene Ideologie finden.

DIE REFORMATION

Im Jahr 1517 trat das alte Machtspiel zwischen Kurfürsten, Papsttum und der deutschen/kaiserlichen Krone in eine besonders heiße Phase.

Der Habsburger Kaiser Maximilian (1493–1519) herrschte über die heutigen Gebiete Österreichs, Hollands, Belgiens, Luxemburgs und Westfrankreichs. Sein Enkel Karl würde zudem Süditalien, Spanien und noch dazu fast die gesamte Neue Welt erben. Damals zeigte sich erst die atemberaubende Größe und der Reichtum der spanischen Besitzungen in Amerika. Maximilian war entschlossen, dass Karl (*1500 †1558) dieses Reich im Ganzen regieren sollte. Andere europäische Herrscher hingegen wollten diesen offenkundigen Plan zur Erringung der Weltherrschaft unbedingt verhindern: Sowohl Franz I. von Frankreich als auch Heinrich VIII. von England erklärten sich zu Gegenkandidaten für den deutschen Thron. Den Kurfürsten war klar, dass sie dieses

Mal mit wahrhaft fantastischen Bestechungsgeldern und Zugeständnissen der Habsburger rechnen konnten.

In dieser Atmosphäre fieberhaften Abwägens nahm Albrecht, zuvor Markgraf von Brandenburg, riesige Schulden bei der Augsburger Bankiersdynastie der Fugger auf, um sich die Bischofswürde von Mainz zu erkaufen. Damit erhielt er mit seinem einträglichen Amt eine der sieben Wahlstimmen, einschließlich der sicheren Aussicht auf einen Teil der riesigen Bestechungsgelder, die zu erwarten waren. Auch Papst Leo X., von dem verlangt wurde, die rechtswidrige Bischofswahl abzusegnen, hatte sein Kreditlimit bei den Fuggern überschritten, nachdem er Unsummen dafür ausgegeben hatte, sich die Dienste Raphaels, Leonardos und Michelangelos zur Verschönerung Roms zu sichern. Doch Leo wollte noch weitergehen und einen neuen Petersdom errichten lassen. So kam es im Jahr 1516 zu einem Abkommen zwischen Leo, Albrecht und den Fuggern. Leo würde Albrechts Ernennung bestätigen und beide Seiten bei einem neuen, äußerst lukrativen Vorhaben je die Hälfte einstreichen.

Der berühmte Prediger Johannes Tetzel wurde engagiert, um Albrechts neue Ländereien zu bereisen und Zertifikate zu verkaufen, die angeblich besonders wirksam von Sünden reinigten: die Ablassbriefe für den Petersdom. Es hieß, man könne damit sogar einer Todsünde Schuldige aus dem Fegefeuer freikaufen und direkt in den Himmel gelangen. Ein Repräsentant der Fuggerbank begleitete Tetzel überallhin und behielt die Geldkassette immer im Auge. Im Jahr 1517 erreichte das Verkaufsteam (Slogan: »Was steht ihr also müßig? Laufet alle um das Heil eurer Seele!«) mit Pauken und

Trompeten die von Albrecht regierten Bistümer Halberstadt und Magdeburg, nicht weit von der Elbestadt Wittenberg, wo der Theologieprofessor Martin Luther lehrte und grübelte.

Luther war vom Anblick seiner Landsleute, die scharenweise samt Geldbeutel über die Grenze strömten, um die neuen Ablassbriefe zu erwerben, zutiefst abgestoßen. Am Vorabend von Allerheiligen 1517 nagelte er einen aus 95 Stichpunkten bestehenden Angriff gegen Rom an die Tür der Schlosskirche. Diese *95 Thesen* werden als Ursprung der protestantischen *Reformation* gesehen. Wie diese Bezeichnung nahelegt, handelte es sich zunächst um einen *Protest* gegen gewisse Praktiken der Kirche mit dem Ziel, diese zu *reformieren*. Luther war nicht nur Priester, er hatte auch Jura studiert, und er bereitete seinen Angriff mit großer Sorgfalt vor, natürlich auf Latein. Keine der 95 Thesen behauptet, das Fegefeuer sei eine Erfindung, der Ablasshandel sei ein betrügerisches Geschäft oder der Papst selbst sei korrupt. Doch wer zwischen den Zeilen lesen kann, erkennt die Implikationen ohne Schwierigkeiten.

Luthers Denken liegen drei Prinzipien zugrunde. Das erste, *sola scriptura* (»allein durch die Schrift«), formulierte die fundamentalistische Forderung, die Kirche von allem zu reinigen, was nicht allein auf die Bibel gegründet war. Das war nichts Neues. Der heilige Augustinus höchstselbst ließ sich als Fürsprecher dieses Prinzips heranziehen (was auch oft vorkam). Die zweite Säule des lutherschen Denkens hat ihren Ursprung in einer Erleuchtung, die ihm ausgerechnet auf dem Abort zuteilgeworden war – *sola gratia* (»nur durch die Gnade«). Das

Martin Luther, Gemälde von Lucas Cranach d. Ä., ca. 1529

war nun wirklich radikal. Er behauptete, dass wir uns den Himmel nicht verdienen können, indem wir bei einem Priester beichten und Buße tun, oder indem wir pausenlos eine gute Tat nach der anderen vollbringen. Wir können die Erlösung nur als ein unverdientes Geschenk erhalten, direkt von Gott, und zwar in jenem mystischen Augenblick, da wir alle irdischen Dinge vergessen – indem wir »des Teufels Hure, die Vernunft« aufgeben und uns dem Glauben hingeben – denn »allein der Glaube« *(sola fide)* mache selig. Die alten, äußerlichen Unterpfände der Vergebung galten nicht mehr: Erlöst war nur, wer sich von Gott erlöst *fühlte*.

Bisher hatte der Weg des Christen zu Gott über ein buntes, hierarchisches Gewirr geführt – ein Gewirr von Heiligen und Engeln verschiedenen Ranges, von Kirchenvätern und deren Lehren, von Pilgerfahrten, Fürstbischöfen, Almosen, Kirchenschmuck, Volksfesten und schier unzähligen Darstellungen der Mutter Gottes. Nun aber hieß es einfach, jeder Einzelne habe eine unmittelbare Beziehung zu Gott. Wie später die französischen und russischen Revolutionäre schien Luther eine rauschhafte, augenblicklich zu erreichende Befreiung des Ichs zu verkünden.

Etwas entfesselte sich entlang der Elbe: Bald verlangte Luthers Doktorvater, Andreas Bodenstein, die Vertilgung der ganzen Kirchenmusik zusammen mit allen Götzenbildern und -schreinen, vor allem die Maria geweihten – mochten diese auch noch so alt und schön sein. Sein Tonfall lässt heute unweigerlich an den IS, den sogenannten Islamischen Staat, denken.

Was aber machte diese neue Lehre gerade in jenen Tagen so mächtig? Luthers Worte trafen den Nerv der Zeit, denn die große Frage der Zeit lautete eben – wie schon so oft –, ob der römische Kaiser oder der deutsche Adel in Deutschland herrschen sollten. Deswegen legten die Kurfürsten am 3. Juni 1519 Karl die sogenannte Wahlkapitulation vor. Diese stellte sicher, dass Karl, wenn er doch schließlich von den Kurfürsten gewählt wurde, seine Regierung ausschließlich mittels des deutschen Adels ausüben sollte.

Aus der Wahlkapitulation vom 3. Juni 1517

Wir sollen und wellen auch Unser Kunigliche und des Reichs Empter am Hof und sonst im Reiche auch mit kainer andern Nation, dan geborn Teutschen, die nit nider Stands noch Wesens, sonder namhaftig, redlich Leut von Fursten, Grafen, Herren vom Adel und sonst dapfers, guts Herkomens Personen, besetzen und versehen ... Darzue in Schriften und Handlungen des Reichs kain ander Zunge oder Sprach gebrauchen lassen wann die Teutsch oder Lateinisch Zung.

Erst als Karl sich fügte, nahmen die Kurfürsten die riesigen Bestechungsgelder an, die er ihnen unter Mithilfe der Fugger anbot, und ernannten ihn am 28. Juni 1519 zum König. Die Krönung zum Kaiser durch den Papst schloss sich 1530 an.

DIE REFORMATION WIRD POLITISCH

Doch die Stimmung war gereizt, da Karl V. über ein riesiges Weltreich herrschte. Hier war endlich ein König und Kaiser, der die Macht und den Reichtum besaß, vielleicht doch ein neuer Karl der Große zu werden.

Wer konnte 1519 schon wissen, ob Karl den deutschen Fürsten gegenüber Wort halten würde, wenn er erst einmal Kaiser wäre?

Um ihre Stellung gegen einen Herrscher mit solch unerhörten Ressourcen zu verteidigen, musste der deutsche Hochadel seinerseits neue Ressourcen finden. Sie versuchten, sich die Unterstützung des niederen Adels zu sichern, indem sie behaupteten, dass sie im Interesse der *Nation* handelten. Dies war eine bahnbrechende Idee, die in Deutschland erstmals um 1450 aufgezeichnet worden war und erst 1512 offiziellen Charakter erhalten hatte, als Maximilian sein Reich als *Heiliges Römisches Reich Teutscher Nation* bezeichnete.

Plötzlich stand in diesen Kampf ein Agitator und Wortschmied zur Verfügung, der mit den gelehrtesten Theologen auf Lateinisch ebenso debattieren konnte wie mit dem gemeinen Volk über *Schweine* und *Fürze*, *Frauen* und *Wein* schwadronieren – und dessen Anhänger das kürzlich erfundene Druckmedium benutzten, um seine feurigen antirömischen Worte mit überirdischer Geschwindigkeit zu verbreiten. Kein Wunder, dass so mancher deutscher Fürst von ihm magisch angezogen wurde.

Luther war nun derjenige, der diese neuen Ideen aufnahm und mit ihnen nach vorn preschte. Um 1520 hatte er bereits mit seiner epochalen Übersetzung der Bibel ins Deutsche begonnen. Seine Verse und Rhythmen, bewusst der Sprache des gemeinen Volkes entlehnt, sind zeitlos. »Gottes Mühlen mahlen langsam« ist unschlagbar. Nun aber trat Luther bewusst aus der Theologie in die Politik hinüber, indem er eine *nationale* Erzählung über eine historische Opferrolle verbreitete.

Aus »An den christlichen Adel deutscher Nation« (1520)

Kaiser Friedrich der Erste und der Zweite und viel mehr deutsche Kaiser, vor welchen sich doch die Welt fürchtete, so jämmerlich von den Päpsten mit Füßen getreten und gedrückt worden sind … Darum lasset uns aufwachen, ihr lieben Deutschen, und Gott mehr denn die Menschen fürchten, dass wir nicht teilhaftig werden aller armen Seelen, die so kläglich durch das schändliche teuflische Regiment der Römer verloren werden.

Luther und seine Anhänger waren von der kürzlich wiederentdeckten *Germania* fasziniert und sahen sich als Tacitus' Germanen – und damit als Liebhaber unverfälschter Freiheit und männlicher Tugend, als die moralischen Gegenspieler zum verschwenderischen und degenerierten Rom. Luther selbst, ein gebildeter Kirchenmann, verwies gerne auf seine Verwandtschaft mit dem heidnischen Fürsten, der Rom im Jahr 9 n. Chr. einen so verheerenden Schlag versetzt hatte. So heißt es in seinen *Tischreden:* »In den Chroniken steht zu lesen, dass ein gewisser Cheruskerherzog, ein Harzer oder Harzländer namens Hermann die Römer vernichtend geschlagen und aus ihrer Schlachtordnung 21 000 niedergemacht hätte. So verwüstet nun der Cherusker Luther Rom.«

Die Möglichkeit, die römischen Fesseln zu lockern, das Geld im Land zu halten, über die Kirche im eigenen Territorium selbst zu bestimmen und den gesamten Grundbesitz der Geistlichkeit einzuziehen, war für die deutschen Fürsten höchst attraktiv.

Kurfürst Friedrich von Sachsen und die anderen deutschen Fürsten, die Luther unterstützten, erkannten den Vorteil, sich selbst zum Bestimmer über die Kirche mit ihren Ländereien zu machen. Das steigerte ihre Macht auf Kosten von Papst und Kaiser, und damit war das Luthertum geboren.

John Hirst, Die kürzeste Geschichte Europas

Doch für die deutschen Fürsten bestand auch ein ernst zu nehmendes Risiko. Könnte nicht Luthers Denken ihre Untertanen so weit radikalisieren, dass sie nicht nur dem Papst, sondern auch aller weltlichen Herrschaft abschwören?

Luther selbst sollte sich schon bald dieses Problems annehmen. Im Jahr 1522 weigerte er sich, einen Aufstand armer Adeliger zu unterstützen, obwohl dieser von Männern angeführt wurde, die sich für seine Anhänger hielten. Er entdeckte Bibelstellen, die seiner Ansicht nach dafürsprachen, dass alle Herrscher durch Gottes Willen eingesetzt würden. Da die Menschen von nun an einen direkten Draht zu Gott hätten und allein durch ihren Glauben gerettet würden, so könnten, sollten und müssten sie alle Politik den weltlichen Autoritäten überlassen. 1522 schrieb er in *Über weltliche Obrigkeit:* »Der wahre

Christ ergibt sich aufs allerwilligste unter des Schwertes Regiment, zahlt Steuern, ehrt die Obrigkeit, dient, hilft und tut alles, was er kann, das der Gewalt förderlich ist.«

Drei Jahre später rebellierten tatsächlich die Bauern in weiten Teilen des deutschen Sprachraums und erwarteten, dass Luther ihre Anliegen mittrug. Stattdessen ging er diesmal noch weiter und unterstützte die Kräfte von Gesetz und Ordnung – welche dies auch sein mochten und wie hart auch immer sie durchgriffen. In *Wider die mörderischen und räuberischen Rotten der Bauern* (1525) schrieb er, die Aufständischen seien »treulose, meineidige, ungehorsame, aufrührerische Mörder, Räuber, Gotteslästerer, welche auch heidnische Obrigkeit zu strafen Recht und Macht hat … man soll sie zerschmeißen, würgen, stechen, heimlich und öffentlich, wer da kann, wie man einen tollen Hund erschlagen muss.«

Die Bauern wurden dementsprechend zu Tausenden niedergemacht. Die Einführung der Reformation und die Aussicht, all den Grundbesitz und das Geld der Kirche in die Hände zu bekommen, war für manche Herrscher Deutschlands nun ausgemachte Sache.

Wohl hatte Luthers Denken theoretisch die Freiheit verkündet. Ab 1525 aber, in der praktischen Umsetzung von ihm selbst, ging es in Richtung eines neuen, einfacheren, geschlosseneren und stärker verstaatlichten Machtgefüges.

Der lutherische Christ konnte sein Heil nur sichern, indem er Gott im Himmel – und dem Landesherrn auf Erden – unbedingt Glauben und Treue zollte: *sola fide*. Da aber der Wille Gottes bzw. des Landesherrn dem Einzelnen unerforschlich war, musste er sich ohne Zögern den Gesetzen Gottes bzw. des Landesherrn unterwerfen, denen die Gesetze Roms nun keine Konkurrenz mehr machten: *sola scriptura*. Nur so konnte er die Gnade Gottes bzw. des Landesherrn erlangen: *sola gratia*.

Damit wurde entlang der Elbe eine ganz neue politisch-theologische Weltanschauung geboren. Sie stand in schroffem Gegensatz zum einzigartigen Wechselspiel von Kirchen- und Staatsgewalt, das Westeuropa seit dem Abkommen zwischen dem Papst und dem Vater Karls des Großen aus dem Jahr 754 geprägt hatte.

Der erste deutsche Herrscher, der den letzten Schritt los von Rom wagte, war jener, der am weitesten von Rom entfernt regierte. Der Großmeister des Deutschen Ordens, Albrecht von Brandenburg-Ansbach, hatte Luther persönlich getroffen und erklärte nun, er sei nicht länger das Oberhaupt eines katholischen Ordens, gehorsam gegenüber Papst und Kaiser, sondern aus eigenem Recht der protestantische Herzog von Preußen, nominell nur dem König von Polen untertan.

Das war am 10. April 1525, dem wichtigsten Tag der deutschen Geschichte zwischen 800 und 1866. In dieser seltsamen Kolonie weit jenseits der Elbe, ja sogar jenseits von Polen, wo kaum mehr als hundert Jahre zuvor waschechte Heiden den deutschen Rittern noch bewaffneten Widerstand geleistet hatten, gab es nun zum ersten Mal, seit Karl der Große die Sachsen unterworfen hatte, ein deutsches Herrschaftsgebiet, das der Kirche wie auch dem Kaiser von Rom jegliche Loyalität verweigerte.

Preußen und die politische Reformation erblickten zeitgleich das Licht der Welt als direkte Herausforderung des großen Kontinuums in der Welt des Westens.

Teil IV

DAS VIERTE HALBE JAHRTAUSEND 1525 BIS HEUTE

*Deutschland schlägt
zwei Wege ein*

EINE PATTSITUATION

Andere folgten dem Beispiel des frisch gebackenen Herzogtums Preußen. Schon bald, nämlich 1531, gründeten die nun protestantischen Fürsten den *Schmalkaldischen Bund*, ein Verteidigungsbündnis, dem ausschließlich lutherische Herrscher beitreten durften. Die Idee eines nicht römischen Deutschlands lockte immer mehr Herrscher an. Doch vorerst hatte es der Bund mit dem mächtigsten Herrscher der Welt zu tun.

Bis 1543 hatte Karl V. den Kampf gegen Frankreich triumphal für sich entschieden und den Ansturm des Osmanischen Reichs gegen Europa abgewehrt. Für Kompromisse war er nicht in Stimmung. Im Jahr 1546 überquerte erstmals seit den alten Römern eine ausländische, gepanzerte und hochprofessionelle Infanterie – die gefürchteten spanischen *Tercios* – die Donau. Fest entschlossen, das Land zu unterwerfen, drangen sie mit der Flagge und Religion des Römischen Reichs weit nach Deutschland hinein vor. Die entscheidende Schlacht gewannen sie bei Mühlberg an der Elbe. Wieder einmal stand ein römischer Kaiser siegreich an den Ufern dieses Flusses, scheinbar als Herr über Germanien.

Sowenig die deutschen Fürsten einander auch ausstehen mochten, noch weniger behagte ihnen die Aussicht, einmal mehr ihre einzigartigen Privilegien zu verlieren. Ein weiteres Mal verbündeten sich die Protestanten unter ihnen und holten sich im katholischen Frankreich Unterstützung, während die Katholiken sie gewähren

Karl V. gab Tizians Gemälde nach der Schlacht bei Mühlberg
persönlich in Auftrag. Tatsächlich aber hatte er so
heftige Gichtschmerzen, dass er auf einer Sänfte in
die Schlacht getragen werden musste.

ließen. Die Habsburger stimmten schließlich 1555 dem
Augsburger Religionsfrieden zu, wonach es jedem deutschen Herrscher, groß oder klein, selbst überlassen blieb,
welche Religion in seinem Herrschaftsgebiet gelten sollte: *cuius regio, eius religio* (»wessen Gebiet, dessen Religion«). Das Ergebnis sieht auf den ersten Blick chaotisch aus, doch verbirgt sich dahinter eine altbekannte
Geschichte.

Die Regionen Deutschlands, die Rom die Treue hielten, befanden sich innerhalb des Fränkischen Reichs aus
dem Jahr 768 n. Chr. Zwar war nicht mehr das gesamte
ehemalige Reichsgebiet katholisch. Doch selbst im Süd-

westen mit den protestantischen Staaten Württemberg und Kurpfalz blieb ein erheblicher Teil der Bevölkerung dem Katholizismus treu. Karl der Große oder Mark Aurel wären also nicht überrascht gewesen: Die Revolte gegen Rom ging vom Norden und Osten aus, die große europäische Bruchlinie blieb unverändert – was man von Europas und damit auch von Deutschlands Stellung in der Welt nicht behaupten kann.

DEUTSCHLAND VERLIERT SEINE MITTELLAGE

Nach Kopernikus – ein im polnisch beherrschten Teil Preußens geborener Domherr und Astronom – stand die Erde nicht länger im Mittelpunkt des Universums, nach Kolumbus war Europa nicht länger der Mittelpunkt der Welt. Die Zukunft lag auf den sieben Weltmeeren.

Die Habsburger und Elisabeth I. von England kämpften als Erste auf fernen Kontinenten um Macht und Ideologie. Verglichen damit war Deutschland, das auf den neuen ozeanischen Handelsrouten nicht vertreten war, plötzlich ein politischer Nebenschauplatz. Immerhin war die Macht zwischen Protestanten und Katholiken in Deutschland so gut ausbalanciert, dass nach 1555 über sechzig Jahre lang keine der beiden Seiten den Frieden mehr stören sollte.

Die Habsburger gingen nach der katastrophalen Niederlage ihrer Armada im Jahr 1588 geschwächt aus dem Kampf um die Weltherrschaft hervor. Trotz all seiner peruanischen und mexikanischen Reichtümer musste

Philip II. von Spanien 1596 zum dritten Mal den Staatsbankrott erklären. Da nun sowohl katholische als auch protestantische Deutsche ihre Chance sahen, sich von der habsburgischen Dominanz zu befreien, kam es vermehrt zu Spannungen.

Diese spitzten sich 1618 zu, als der neue König von Böhmen und künftige Kaiser Ferdinand II., ein glühender Katholik, versuchte, Vereinbarungen, die einer seiner Vorgänger mit den böhmischen Protestanten getroffen hatte, rückgängig zu machen. In einer der denkwürdigsten Szenen der europäischen Geschichte wurden hochrangige Beamte Ferdinands aus einem Fenster der Prager Burg geworfen – der *Prager Fenstersturz* kennzeichnet den Beginn des *Dreißigjährigen Kriegs* (1618–1648).

APOKALYPSE

Mit dem Dreißigjährigen Krieg ging ein alter Streit in die nächste Runde: Konnte es einer Rom zugewandten Macht je gelingen, wirklich über ganz Deutschland zu herrschen? Diesmal fand der Kampf – zumindest in seinen ersten Phasen – unter den neuen Vorzeichen *katholisch* gegen *protestantisch* statt.

Bis 1630 schien der Sieg für die kaiserlichen Kräfte, angeführt vom holländisch-böhmischen Zweigestirn Tilly und Wallenstein, zum Greifen nah. Doch daraufhin wuchs im protestantischen Schweden und katholischen Frankreich die Angst vor einer habsburgischen Übermacht in Deutschland. Deshalb unterstützte das katholische Regime in Paris das lutherische Schweden,

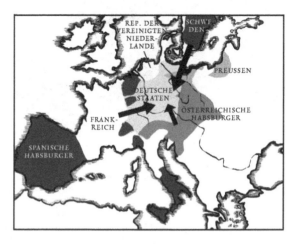

Europas Killing Fields 1618 bis 1648

damit es gegen das katholische Imperium intervenierte. Schwedens König Gustav Adolf – der erste Feldherr, der systematisch an Feuerwaffen ausgebildete Fußsoldaten einsetzte – erzielte 1631 einen vernichtenden Sieg bei Breitenfeld und befahl seiner Armee, »Bayern vollständig in Schutt und Asche zu legen«. Als er im darauffolgenden Jahr in der Schlacht bei Lützen getötet wurde, griffen die Franzosen direkt in den Krieg ein.

Von nun an war der Dreißigjährige Krieg vor allem ein Kampf zwischen den spanischen Habsburgern und den französischen Bourbonen, in dem die kleinen deutschen Territorien kaum mehr als Schachfiguren und Schlachtfelder für die mächtigeren, zentralisierten Nationen darstellten. In dem Bewusstsein, dass jeden Augenblick eine weitere gewaltige und hungrige Armee durch das Land ziehen könnte, um nichts als Seuchen und Tote zu hin-

Eine Radierung aus der Serie »Die Schrecken des Krieges«
von Jacques Callot (1633)

terlassen, stellte eine ganze Generation einfach jeglichen Handel ein und gab sogar die Landwirtschaft auf.

Der Zustand Deutschlands zum Zeitpunkt des Westfälischen Friedens von 1648 lässt sich nur schwer ohne biblisches Vokabular beschreiben. Vielleicht kann ein Blick auf das heutige Syrien eine Vorstellung davon geben. Mindestens ein Drittel der gesamten Bevölkerung scheint ausgelöscht worden zu sein, in einigen Gebieten lagen die Opferzahlen noch höher. Im Jahr 1631 etwa hatte Magdeburg, die Lieblingsstadt Ottos des Großen, mehr als dreißigtausend Einwohner; 1649 waren es noch vierhundertfünzig, die restliche Bevölkerung war zum Großteil in den Straßen abgeschlachtet worden. Noch heute steht, wenn deutsche Kinder »Maikäfer flieg« singen, nicht lediglich ein Haus in Flammen wie in der englischen Version, sondern ganz »Pommerland ist abgebrannt«.

Das Chaos war nach dem Krieg so groß, dass niemand so genau wusste, wie viele Kleinstaaten es nun tatsächlich gab; nach einigen Schätzungen sollen es eintausendachthundert gewesen sein. Dazu gehörten um die fünfzig freie Städte und, nicht zu vergessen, etwa sechzig geistliche Territorien. Keine Landkarte der Welt kann diese Komplexität auch nur annähernd erfassen.

Was sollte aus dieser hoffnungslos gescheiterten Nation nur werden? Die Antwort lag – ob nun zum Guten oder zum Schlechten – im Osten.

DIE FLUCHT NACH OSTEN

Nach dreißig Jahren Krieg stand in Europa ein neuer Hegemon bereit. Rechnet man die relativen Bevölkerungszahlen von 1660 auf das heutige Europa hoch, gäbe es aktuell weit über zweihundert Millionen Franzosen. Diese gewaltige Nation war nun geeint und sollte für außergewöhnlich lange zweiundsiebzig Jahre (1643–1715) vom Sonnenkönig Ludwig XIV. regiert werden. Alle in Frankreichs Nähe gelegenen Staaten verblassten in dessen gewaltigem Schatten – und die unzähligen Kleinstaaten West- und Süddeutschlands lagen nur allzu nah.

Drei große deutsche Dynastien hatten dagegen mehr Glück: der österreichische Zweig der Habsburger, die sächsische Familie der Wettiner und die Emporkömmlinge aus dem Haus Hohenzollern, die erst seit 1415 Markgrafen von Brandenburg und seit 1618 zugleich Herzöge von Preußen waren. Sie alle genossen den unbezahlbaren Vorteil physischer Distanz zu Frankreich. Eine Reihe von Staaten zwischen ihren Kerngebieten und dem Koloss jenseits des Rheins diente als beruhigender Puffer. Wieder einmal spielte die Geografie Schicksal.

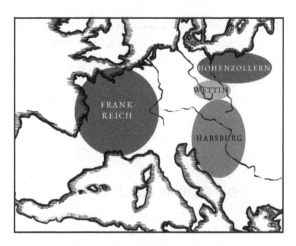

Der Westen Deutschlands als Puffer

Friedrich Wilhelm, der neue Hohenzollern-Herr-
scher von Brandenburg-Preußen, war nominell unverändert ein einfacher Markgraf unter dem – freilich stark
geschwächten – Kaiser sowie ein Herzog unter der polnischen Krone. Polen, Schweden und Russen betrachteten
Preußen als kleineren, möglicherweise brauchbaren Verbündeten in den Kämpfen um die Vorherrschaft an der
Ostsee. Doch indem er sie klug gegeneinander ausspielte,
gelang es Friedrich Wilhelm, 1657 in Ostpreußen als
souveräner Fürst anerkannt zu werden, der in aller Stille
ein stehendes Heer aufbauen konnte. Als sich die bislang
als unbesiegbar geltenden Schweden gegen ihn richteten,
überraschte er ganz Europa, als er den scheinbar über-
mächtigen Feind am 18. Juni 1675 in der kleinen, aber
spektakulären Schlacht bei Fehrbellin schlug. Der *Große
Kurfürst*, wie er nunmehr genannt wurde, stellte plötzlich

eine ernst zu nehmende Macht dar: Einerseits war er als Herzog von Preußen ein unabhängiger Herrscher außerhalb des Heiligen Römischen Reichs, andererseits war er ein angesehener Kurfürst innerhalb desselben.

Zur selben Zeit erklommen die österreichischen Habsburger neue Höhen militärischen Ruhms. Zunächst schmiedeten sie 1683 die Koalition gegen die Türken vor Wien. 1697 zerschlug Prinz Eugen von Savoyen die osmanische Armee bei Zenta und gewann mit einem Streich das gesamte Königreich Ungarn, das erheblich größer war als der heutige ungarische Staat.

Auch der Wettiner Herrscher in Sachsen, August der Starke, von dem es hieß, dass er mit bloßen Händen Hufeisen verbiege und Vater von dreihundert Kindern sei, schielte nun gen Osten. Er schwang sich 1697 zum König von Polen auf, indem er den katholischen Glauben annahm, die polnische Aristokratie bestach und die Unterstützung Peters des Großen gewann.

Während die östlichen Kurfürsten eine Blütezeit erlebten, versuchten die westlichen, näher zusammenzurücken. Die beiden Zweige der Wittelsbacher kontrollierten Bayern und die Kurpfalz. Nun gingen sie und die Kurfürsten von Trier, Mainz und Köln ein Bündnis mit Frankreich ein, das nicht nur für Deutschland den Frieden und die Gesetze wahren sollte, sondern auch für das Christentum *(pour la Chrétienté)*. Dieser neue katholische Block wurde als *Erster Rheinbund* bekannt. In ihm zogen Süd- und Westdeutschland, bar jeder Bindung nach Osten, an einem Strang und verhinderten so eine Übermacht der Habsburger.

Doch aufgrund der französischen Überlegenheit verkam der Bund schon bald zu einem bloßen Instrument französischer Politik. Mit diesem Dilemma wiederholte sich genau jene Fragestellung, die bereits die Römer und nach ihnen Karl der Große vorgefunden hatten (und die bereits die Verhältnisse unter amerikanischer Besatzung nach 1945 vorausahnen ließ): Konnte Deutschland jemals wirklich zum Westen gehören und dennoch wahrhaft deutsch bleiben?

Doch wenn einerseits das Rheinland zu sehr unter französischem Einfluss stand, orientierten sich dann andererseits nicht Sachsen, Brandenburg-Preußen und Österreich zur sehr nach Osten? Sie alle hatten ihre Machtbasis rechts der Elbe oder an der Donau. Wie konnte auch nur eines dieser Reiche für sich in Anspruch nehmen, das Erbe Karls des Großen anzutreten? Und wo lag dann das wahre Deutschland?

Diese Frage wurde umso drängender, je höher die Sonne Frankreichs stieg, das sich große Gebiete im Westen aneignete und diesen nach 1688 mit Krieg überzog.

DAS FRANZÖSISCHE JAHRHUNDERT

Das 18. Jahrhundert in Europa gehörte Frankreich. In ganz Deutschland entstanden sündhaft teure Imitationen von Versailles, in deren vergoldeten Gemächern die deutschen Herrscherhäuser mitsamt ihrer servilen Entourage Französisch zu parlieren begannen. Bis Mitte des 18. Jahrhunderts war diese Mode so tief in weniger aristokratische Gesellschaftsschichten gesickert, dass die deutsche Sprache einen ähnlichen Wandel vollzog wie

Die Französisierung Deutschlands: Sanssouci

das Englische nach 1066: hin zu einer germanischen Sprache, der ein vollständiges romanisches Vokabular von oben aufgesetzt wurde. Hier nur einige wenige der offensichtlicheren Lehnwörter: Champignon, Kostüm, Parfüm, Polizei, Toilette, Omelett, Serviette, Etikette, Charme, Salon, Eleganz, Kompliment, Promenade, Sofa, Balkon, Onkel, Tante, Armee.

Friedrich der Große (*1712 †1786), inzwischen souveräner König von Preußen, schrieb, dass Deutsch eine halb barbarische Sprache sei, in der nicht einmal literarische Genies Vernünftiges leisten können. Dementsprechend machte er Französisch zur offiziellen Sprache der Preußischen Akademie der Künste. Selbst seinem neuen Schlösschen außerhalb Berlins gab er einen französischen Namen: *Sanssouci*.

Patriotische Deutsche hielten verzweifelt nach Alternativen Ausschau. Eine neue Generation von Schriftstellern bewunderte Shakespeare, liebte die Natur, verachtete den Rationalismus französischen Stils und erklärte, einzig Gefühle wiesen den Weg zur Erkenntnis. »Gefühl ist alles«, schrieb der Größte unter ihnen, Johann Wolfgang von Goethe (*1749 †1832).

Das beherrschende Genie

Goethe ist Deutschlands Shakespeare, Flaubert und Puschkin in einer Person. 1773, als er vierundzwanzig war, fegte er mit seiner shakespeareschen Tragödie *Götz von Berlichingen* alle französischen Regeln der Bühnenkunst vom Tisch. Nur ein Jahr später zerschmetterte er den »aufgeklärten« literarischen Zeitgeschmack mit seinem gesamteuropäischen Bestseller über jugendlich-romantischen Selbstmord, *Die Leiden des jungen Werther*. Der Werther war das Lieblingsbuch des jungen Napoleon, und in Mary Shelleys *Frankenstein* ahnt das Monster bei der Werther-Lektüre, was es heißt, Mensch zu sein. Der romantische Kult um das individuelle Gefühl treibt auch Goethes frühe Gedichte an: Sie sind unerreicht in der Schönheit ihres pantheistischen Verlangens nach Natur und Liebe. Seine Balladen gehören zu den wenigen aus der Feder selbstreflektierter Poeten, die tatsächlich nach merkwürdigen alten Volksliedern klingen. Später erfand er mehr oder weniger im Alleingang die moderne Novelle und den Bildungsroman. Über allem aber steht sein Lebenswerk, das kolossale Theaterstück *Faust*, die Geschichte eines alternden Intellektuellen, der seine Seele gegen Jugend, Sex und Macht an den Teufel verkauft. Anfang des 20. Jahrhunderts schrieb der junge Franz Kafka, Goethe halte »durch die Macht seiner Werke die Entwicklung der deutschen Sprache zurück«. Und auch heute noch würzen gebildete Deutsche ihre Gespräche ausgiebig mit Bonmots aus seiner Feder.

Die deutsche Kultur erlebte ihr Comeback und schickte sich an, die Spielregeln für immer zu verändern. Universalismus – die Idee, dass für alle und überall dieselben kulturellen Normen gelten – wurde als Deckmantel französischer Hegemonie denunziert. Stattdessen hieß es nun, jedes Volk habe seinen eigenen, einzigartigen kulturellen Weg zu gehen. Unter einigen setzte sich die Idee durch, dass, da die Eliten in Deutschland französisiert seien, nur mehr im noch unverdorbenen Volk und seinen alten Sagen wahres Deutschtum lebendig sei. Die Gebrüder Grimm waren lediglich die bekanntesten Vertreter der Auffassung, dass Authentizität sich nur in der tiefen Vergangenheit von Land und Sprache, Mythos und Geschichte finde. Diese Vorstellung ist heute in aller Welt verbreitet, sodass viele ihren Ursprung als letzten Zufluchtsort einer deutschen, an die französische Vorherrschaft verlorenen Kultur vergessen haben.

Diese verzweifelte Suche nach einer wahrhaft deutschen Identität erklärt zum Teil, warum Preußen nun in den Fokus vieler deutscher Patrioten rückte.

DER JUNKERSTAAT

Auf diese Entwicklung hatte zuerst kaum etwas hinge-deutet. Schließlich war der preußische Hof mindestens genauso frankophil wie jeder andere, und noch dazu hatte Preußen den miserablen Ruf eines militaristischen Räuberstaats.

Von seinem Vater, einem furchteinflößenden Rohling, hatte Friedrich der Große eine effiziente Bürokratie und eine so unverhältnismäßig große Armee geerbt, dass sie den Franzosen Voltaire, für kurze Zeit der Favorit an Friedrichs Hof, angeblich zu folgendem berühmten Bonmot bewegte: »Andere Staaten besitzen eine Armee, Preußen ist eine Armee, die einen Staat besitzt.« Das zweite Erbe Friedrichs war ein Trauma: Er wurde ge-zwungen, der Enthauptung seines besten Freundes und mutmaßlichen Liebhabers beizuwohnen. Somit kam ein Mann mit eindeutig psychopathischen Zügen – sein Neffe und Nachfolger Friedrich Wilhelm II. sollte ihn einmal »eine wahre Geißel Gottes« nennen, »von Gottes Zorn von der Hölle auf die Erde gespien« – an die Spitze der schlagkräftigsten Armee Europas.

Die Wurzel der militärischen Stärke Preußens lag in der Vereinbarung, die Friedrichs Vater und sein Ur-großvater mit den Junkern getroffen hatten. Sie waren inzwischen weitaus ärmer als die meisten Adeligen in Westeuropa, da sie zwar ihren Adelstitel an sämtliche Nachkommen weitergaben, den Familienbesitz jedoch, oft Land von miserabler Qualität, an nur einen Sohn. Zudem war es für Junker gesetzlich verboten, ihre Lände-reien an Nichtadelige zu verkaufen, was dazu führte, dass sie ihr Eigentum nicht für Verbesserungen und Neuerungen beleihen konnten. Unter dem Strich wuchsen viele stolze, zu Kriegshandwerk und halb kolonialer Herrschaft erzogene Jugendliche heran, die oft keinen Pfennig besaßen. Doch sie alle trugen das unersetzliche *Von* in ihrem Namen – etwas, das man mit Geld einfach nicht kaufen konnte. Wie arm oder reich man auch sein mochte, die preußischen *Vons* zollten einander stets Respekt als Angehörige einer eigenen Kaste, und man wäre buchstäblich lieber gestorben, als nicht länger zu ihr zu zählen.

Aus diesen jungen Männern ließen sich ganz hervorragende Offiziere formen. Sie würden für die preußische Monarchie ins Geschützfeuer laufen und ihre Männer mit hineintreiben – solange ihre Kaste von allen, also auch vom König, privilegiert behandelt würde. Friedrich hielt sich an seinen Teil der Abmachungen. So schaffte er zwar die Leibeigenschaft auf den eigenen Ländereien ab, nahm jedoch die Güter der Junker von dieser Neuregelung aus. Ferner sorgte er während seiner gesamten Regierungszeit dafür, dass nur Adelige von angemessener Abstammung Offiziere in seiner Armee wurden. Diese Vereinbarung zwischen dem König und seinen Junkern machte Friedrichs Preußen einmalig.

Als er 1740 den Thron bestieg, setzte Friedrich sofort seine überdimensionierte Armee ein, raubte den Österreichern die Provinz Schlesien und brach einen Kampf zwischen Österreichern und Preußen um Deutschland vom Zaun, der über einhundertfünfundzwanzig Jahre lang andauern sollte. Von Mollwitz im Jahr 1741 bis Königgrätz 1866 wurde dieser Kampf überwiegend an der Elbe oder in ihrer Nähe ausgefochten.

Als es Österreich im *Siebenjährigen Krieg* (1756–1763) gelang, mit Frankreich und Russland eine große Koalition zu bilden, hätte es die Auseinandersetzung fast für sich entschieden. Zu Beginn des Kriegs dachten die meisten Deutschen über Preußen ähnlich wie die Griechen über Sparta: ein grimmiges Land voller grausamer Krieger. Doch ähnlich wie Sparta bei den Thermopylen zum Retter Griechenlands wurde, erwarb sich nun auch Preußen großes Ansehen und sogar Bewunderung innerhalb Deutschlands, als es 1757 bei Roßbach eine überlegene französische Armee – an deren Seite übrigens das Aufgebot der kleinen deutschen Staaten kämpfte – in die Flucht schlug.

In ihrer kulturellen Not konnten viele Deutsche dem Reiz einer deutschen Macht, die sich dem Hegemon Europas entgegenstellte, nicht widerstehen – und sei sie ansonsten auch noch so unattraktiv. Der Kult um Friedrich den Großen ging weit über Preußen hinaus, obwohl er selbst daran kein Interesse hatte und weiterhin alles Französische favorisierte.

Der Mythos von der Unbesiegbarkeit der preußischen Armee stammt aus dem Siebenjährigen Krieg. Später würden preußisch-deutsche Historiker behaupten, Preußen habe alle Rivalen dank seiner Soldaten und Junker besiegt, die diszipliniert und todesmutig für einen König kämpften, der ihnen täglich eine unerschütterliche Willenskraft vorlebte. Tatsächlich aber wurde Friedrich mehrmals von den Russen und/oder Österreichern geschlagen. Nach der totalen Niederlage bei Kunersdorf schrieb er vom Schlachtfeld nach Berlin (natürlich auf Französisch), dass alles verloren sei: »Ich werde den

Der Kult der Junker um den Tod für Preußen: Friedrich der Große (2. v. r.) beklagt den Tod eines jungen Günstlings bei Zorndorf (1758).

Untergang meines Vaterlands nicht überleben. Adieu für immer!«

Preußen überlebte nur, weil Großbritannien, das sich in einem globalen Krieg mit Frankreich befand, riesige Hilfsgelder nach Berlin pumpte, und weil Elisabeth von Russland (die Friedrich verachtete) starb und Peter III. (der ihn bewunderte) ihr nachfolgte. Friedrich selbst nannte dies das »Mirakel des Hauses Brandenburg«, doch spätere Lobredner auf die preußische Armee vergaßen geflissentlich, wie wundersam diese Rettung gewesen war und wie wenig sie mit militärischer Unbesiegbarkeit zu tun gehabt hatte.

Schon bald fanden Friedrich und sein Nachfolger in den zynischen *Polnischen Teilungen* (1772–1795) eine gemeinsame Grundlage mit seinen ehemaligen Feinden Russland und Österreich. Im folgenden Jahrhundert war es nichts anderes als die gemeinsame Verneinung der Existenz Polens, die Preußen und Russland davon abhielten, sich gegenseitig an die Gurgel zu gehen.

Der eingeklemmte Westen: Deutschland um 1800

Als das 18. Jahrhundert langsam zu Ende ging, fand sich Westdeutschland eingeklemmt zwischen dem starken Frankreich jenseits des Rheins und zwei absolutistischen Mächten im Osten, Österreich und Preußen. Beide standen außerhalb jeder historischen Definition von Deutschland, beide herrschten über eine Vielzahl nicht deutscher Völker, und beide hatten lange Grenzen zu Russland.

Die einzige Möglichkeit, ein Gegengewicht zu bilden, bestand darin, dass sich Westdeutschland endlich organisierte, und einige versuchten dies auch. Ihr Anführer war Karl Theodor von Dalberg (*1744 †1817), Erzbischof der alten römischen Stadt Mainz. Er vertrat die Idee eines sogenannten *Dritten Deutschlands* (oder der *Trias* aus Österreich, Preußen und dem Westen), wonach sich die kleineren deutschen Staaten vereinigen sollten, um eine Alternative zu Preußen und Österreich zu bilden.

Für kurze Zeit wurde Dalberg tatsächlich Fürstprimas des ganz Westdeutschland umfassenden Rheinbundes – allerdings unter Umständen, die seine Idee gründlich in Misskredit brachten. Denn ähnlich wie Caesar Germanien erfunden hatte, wurde das Dritte Deutschland von einem Mann ins Leben gerufen, den viele als den neuen Caesar ansahen: Napoleon Bonaparte.

FRANKREICHS LETZTER GRIFF NACH DER WELTMACHT

In den Kriegen, die auf die Französische Revolution folgten, gelang es dem großen Rest Europas nicht, das neue, von der Monarchie befreite republikanische Frankreich zu zerstören.

Preußen war die erste Monarchie Europas, die aus der Reihe tanzte und einen Deal mit dem revolutionären Frankreich einging, nachdem seine angeblich unbezwingbare Armee sich 1792 bei Valmy als ausgesprochen gefechtsscheu erwiesen hatte. 1795 erkannte es Frankreich im Vertrag von Basel als einzige Macht westlich des Rheins an – Preußen hatte seit 1615 mit Kleve einen winzigen dynastischen Stützpunkt am Westufer. Im Gegenzug versprach Frankreich Entschädigungen in den ostrheinischen Gebieten.

Dieser einseitige Friedensschluss bedeutete einen offenen Bruch mit dem Heiligen Römischen Reich, das von Österreich angeführt wurde. Preußen griff nach der Macht im neutralen Norddeutschland. Daher hofierte 1804 eine Abordnung westdeutscher Fürsten den Ersten

Konsul Napoleon Bonaparte während seines Besuchs in Mainz. Er sei »der erste unserer Caesaren, der den Rhein überquerte, um die Barbaren zu verjagen«. Das war ein eindeutiger Hinweis darauf, dass manche Westdeutsche Frankreich als Befreier sahen, nicht als Eroberer.

Schon bald machte Napoleon das Dritte Deutschland zur Realität. Der Held der Revolution, der mittlerweile Kaiser geworden war, schlug die Russen und Österreicher 1805 bei Austerlitz und wurde zum mächtigsten Mann in Europa. Preußen hatte es ihm gestattet, durch seine Gebiete zu ziehen, und hoffte nun, da Napoleon sich aufmachte, das Heilige Römische Reich aufzulösen, auf die offizielle Vorherrschaft in Norddeutschland. Tatsächlich zwang Napoleon Kaiser Franz II., abzudanken, womit er dem Heiligen Römischen Reich für immer ein Ende machte. Doch nun erklärte der Kaiser – sehr zum Ärger Preußens –, dass Bayern und Württemberg von nun an Königreiche und Preußen ebenbürtig seien. Um die Sache noch schlimmer zu machen, rief er den *Rheinbund* ins Leben.

Napoleon hatte sehr viele Klassiker und Geschichtsbücher gelesen; falls er je einen Menschen verehrte, einen Helden, dessen Herrschaftskonzept all seinen Entscheidungen zugrunde lag, dann war es Karl der Große. Auf dem Zenit seiner Macht zwang er Europa ein neues Kontinentalreich auf, mit dem mittelalterlichen Königreich Lothringen als Herzstück.

Alan Forrest, Napoleon

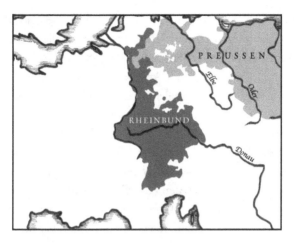

Napoleon macht Preußen einen Strich durch die Rechnung:
der Rheinbund von 1806.

Viele Menschen in Deutschland hießen die französische Vorherrschaft und die damit einhergehenden napoleonischen Reformen, etwa das Ende überkommener Adelsprivilegien und die sogar für Juden geltende Gleichheit vor dem Gesetz, willkommen. Goethe gehörte zu ihnen: Stolz trug er das Kreuz der Französischen Ehrenlegion – höchstpersönlich verliehen vom großen französischen Werther-Verehrer, den er öffentlich »mein Kaiser« nannte.

Doch ein vereintes Westdeutschland bedeutete für Preußen das Ende aller Hegemonialpläne im Norden. Berlin wurde von Kriegsbegeisterung ergriffen. Gift und Galle spuckende Junker schärften ihre Säbel auf den Stufen der Französischen Botschaft. König Friedrich Wilhelm III. vertraute ganz auf den Mythos der preußischen Armee, auf das Hilfsversprechen Russlands und die fortgeschrittene Jahreszeit, die nach allgemeiner Auffassung einen französischen Angriff noch im selben Jahr unmöglich machte. Am 26. September richtete er ein Ultimatum an Napoleon. Seine Forderung: die Auflösung des Rheinbundes und der Rückzug der Franzosen hinter den Rhein.

Das Ergebnis hätte Deutschland für immer vor Preußen bewahren müssen. Napoleon schlug zu, noch bevor die Russen eingreifen oder die Herbststürme einsetzen konnten. Am 14. Oktober 1806 wurde die preußische Armee, obwohl sie einhunderttausend Mann gegen Napoleons achtzigtausend aufbot, in der Doppelschlacht von Jena und Auerstedt vernichtend geschlagen.

Königin Luise von Preußen
an ihre Kinder nach der Schlacht bei Jena

Das Schicksal zerstörte an einem Tag das Gebäude, an dessen Erhöhung große Männer zwei Jahrhunderte hindurch gearbeitet haben. Es gibt keinen preußischen Staat, keine preußische Armee, keinen Nationalruhm mehr.

Im Unterschied zu Österreich, das mehrmals von Napoleon besiegt wurde, sich jedoch immer wieder aufrichtete, kollabierte Preußen einfach. Es schien, als behielte Voltaire recht: Ohne seine Armee war Preußen nichts. Napoleon ritt ungehindert in Berlin ein. Preußen hoffte noch auf Rettung durch Russland, doch als auch die Armee des Zaren im Juni 1807 bei Friedland, nahe dem heutigen Kaliningrad (damals Königsberg) zerschlagen wurde, war das Spiel zu Ende. Napoleon und Zar Alexander trafen sich auf einem eigens erbauten Floß auf der Memel, der alten Grenze zwischen Ostpreußen und Litauen, und ließen Friedrich Wilhelm III. am Flussufer im Regen stehen, wo er sein Schicksal erwartete.

Napoleon zog es in Erwägung, die preußische Krone ganz abzuschaffen. Doch gleichzeitig war er auf Frieden mit dem Zaren erpicht und hoffte sogar, durch Heirat dynastische Bande mit ihm zu knüpfen. Er konnte seine Verachtung gegen das althergebrachte Königtum also nicht allzu offen zeigen. Letztlich stimmte er zu, dass Preußen überleben sollte, wenn auch nur als ostelbischer Satrap Russlands.

Im Frieden von Tilsit verlor Preußen 1807 alle Gebiete westlich der Elbe. Es stand wieder da, wo es 1525 angefangen hatte: eine unbedeutende Macht jenseits des Flusses, der seit Jahrhunderten die Grenze Westeuropas war. Selbst östlich der Elbe musste es Gebietseinbußen hinnehmen, da es gezwungen wurde, Gebiete an den verhassten Nachbarn und Rivalen Sachsen abzutreten. Am schwersten traf Preußen allerdings, dass es einen Großteil seines polnischen Territoriums abgeben und dabei zusehen musste, wie die Polen als eigenständiges Volk im Großherzogtum Warschau wiedererstanden.

Seit 1808 war die Bezeichnung »Rheinbund« überholt, da dessen Gebiet sich nun auch rechts der Elbe erstreckte und alles umfasste, was Augustus einst *Germania* genannt hatte.

Preußen im Zangengriff: der Rheinbund und das
Großherzogtum Warschau 1812

Letztlich war es nicht das eigene Heldentum, das
Preußen rettete – und Deutschlands Untergang einleitete –, sondern eine fatale Fehleinschätzung Österreichs.

Schon bald zerstörte die im Wesentlichen militärische
Natur des napoleonischen Regimes die Begeisterung für
die französische Hegemonie. Frankreichs nicht enden
wollende Forderungen nach Steuern und Rekruten sowie
die für das Rheinland so schmerzhafte Kontinentalsperre
gegen Großbritannien hatten ihre Spuren hinterlassen.
Doch uneinig wie immer, sah man sich nicht in der
Lage, sich von diesem Joch zu befreien. Auch Preußen
blieb kleinlaut auf Linie: Es hielt Napoleon während des
Kriegs von Österreich und England gegen Frankreich
1809 die Treue. Es überließ ihm gehorsam eigenes Gebiet als Basis für die Invasion Russlands im Jahr 1812. Es
lehnte den österreichischen Vorschlag einer antifranzösi-

schen Allianz mit Russland im Oktober 1812 ab. Selbst nachdem Napoleons katastrophaler Rückzug aus Moskau die *Grande Armée* ruiniert hatte und die Russen an der Grenze zu Ostpreußen standen, blieb der König Napoleon gegenüber vorsichtig loyal und bot ihm an, den preußischen General Ludwig Yorck von Wartenburg vor ein Kriegsgericht zu stellen. Dieser hatte am 30. Dezember 1812 eigenmächtig erklärt, seine Truppen würden sich neutral verhalten. Kurz, Preußen lehnte sich so lange nicht offen gegen Napoleon auf, bis dieser eindeutig geschlagen und die Russen zur Stelle waren. Das bot sicher keinen Stoff für Heldengeschichten.

Doch dann begingen die Habsburger ihren großen Fehler. Wie so viele Kaiser vor ihm, konzentrierte sich Franz I. von Österreich zu sehr auf seine nicht deutschen Interessen. Urplötzlich entschieden er und sein Minister Metternich, dass sie sich vor Russland mehr fürchteten als vor Frankreich. Die Habsburger, die so zäh gegen Napoleon gekämpft hatten, während die preußischen Hohenzollern sich lieber wegduckten, zögerten in einem der schlechtesten Schachzüge der Weltgeschichte, der Koalition gegen den wankenden Bonaparte beizutreten, da Russland als wahrer Sieger aus dem Konflikt hätte hervorgehen können. Zwar schloss sich Österreich dem Kampf noch rechtzeitig an, um 1813 an der Völkerschlacht bei Leipzig teilzunehmen. Doch die große patriotische Geste hatten sie da bereits verpasst. Deutschland war von der französischen Herrschaft befreit, doch Österreichs Anteil an der Befreiung erschien eher klein.

Nachdem die Idee eines Dritten Deutschlands als reines Vehikel französischer Hegemonie in Misskredit gebracht war und Österreich sich komplett verrechnet hatte, war Preußen nun in der Lage, sich wahrheitswidrig als die natürliche Führungsmacht Deutschlands darzustellen.

PREUSSEN, VON ENGLAND AUFGEPUMPT

Nach Napoleons erster Kapitulation 1814 verkrachten sich Briten und Russen noch schneller als Amerikaner und Russen nach 1945. Die großen Nutznießer waren in diesem Fall die Preußen.

Auf dem *Wiener Kongress* von 1814 forderten sie als Belohnung für ihren Widerstand (wie spät dieser auch gekommen sein mochte) ganz Sachsen. Die Russen unterstützten die Forderungen ihrer Schutzbefohlenen. Österreich lehnte sie mit Unterstützung Großbritanniens ab. Kaum sechs Monate nach Napoleons Absetzung und Exil auf Elba ging Großbritannien eine Allianz mit Frankreich und Österreich ein, um Russland und Preußen, wenn nötig mit Krieg, zu widerstehen. Russland gab daraufhin nach, und Preußen hatte keine Wahl, als wütend einzulenken und den von den Briten angebotenen Trostpreis zu akzeptieren: die Hälfte Sachsens und ein großes Stück des Rheinlands.

Dabei hatte London doch einen Masterplan. Demzufolge sollte eine mittelgroße deutsche Macht ein großes Gebiet entlang des Rheins erhalten und so als natürlicher Schutzwall gegen alle künftigen Expansionsbestrebungen Frankreichs auftreten. Niemand – weder Bayern,

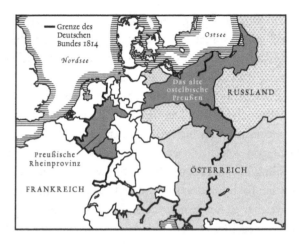

Preußens neues Standbein im Westen

Österreich noch Preußen – wollte diese Aufgabe übernehmen, die sie direkt in die Schusslinie gerückt hätte. Zudem war Preußen ganz und gar nicht von der Vorstellung begeistert, ein Gebiet zu annektieren, das durchgängig katholisch war und noch dazu soziale und rechtliche Traditionen pflegte, die den preußischen diametral entgegenstanden. Da aber im Moment nichts Besseres zu haben war, nahmen sie das Angebot an.

Die Rheinländer wurden gar nicht erst gefragt. Doch was Preußen zunächst als Trostpreis verschmähte, war der nach England vielleicht modernste Wirtschafts- und Industriestandort der Welt.

Im Jahr 1815 hatte Preußen gar noch mehr Glück. Napoleon kam aus dem Exil zurück, und da Russland, Österreich, Preußen und Großbritannien vereint gegen ihn standen, sah er seine einzige Chance darin, zunächst höchstens zwei seiner Gegner herauszufordern. Er entschied sich für eine Konfrontation mit den Briten und Preußen im Norden. Der Ruhm, Napoleons Herrschaft endgültig zu überwinden, fiel somit auf den britischen Herzog von Wellington und den preußischen General Gebhard von Blücher. Später sollten britische und deutsche Historiker erbittert darüber streiten, wer die Schlacht tatsächlich entschieden habe, doch das interessierte zunächst niemanden. Preußen war nun der Liebling der mächtigen Briten. Sie waren entzückt, als Blücher nach London kam, um sich als Großbritanniens siegreicher Bundesgenosse feiern zu lassen. Als er dabei zum ersten Mal den fantastischen Wohlstand der Stadt zu Gesicht bekam, rief er aus: »Was für eine herrliche Stadt zum Plündern!«

DEUTSCHLAND NACH WATERLOO: EIN LAND IM WINTER

Nach Waterloo wollten die siegreichen Mächte des Wiener Kongresses die Uhren zurück auf die Zeit vor der Französischen Revolution stellen. Für Frankreich hieß dies, die Monarchie wiedereinzuführen, doch in Deutschland hatte das Heilige Römische Reich 1806 sang- und klanglos das Zeitliche gesegnet. An seine Stelle trat nun eine vereinfachte und modernisierte Version, nämlich der *Deutsche Bund* mit Österreich als Präsidialmacht.

Doch war dies nicht wirklich Deutschland und auch kein echter Bund, wenn man darunter eine Vereinigung Gleichberechtigter versteht. So zählten zu den achtunddreißig Mitgliedern die Könige von Dänemark und Hol-

Der Deutsche Bund nach Waterloo (1815)

land (in ihrer Eigenschaft als Fürsten von Holstein und Luxemburg). Auch die beiden Vormächte Preußen und Österreich herrschten über große Gebiete außerhalb des Bundes.

In den folgenden fünfzig Jahren war die deutsche Politik durch die Rivalität zwischen Preußen und Österreich bestimmt – und durch die Unfähigkeit der kleineren Staaten, eine gemeinsame Basis zu finden, die ausgereicht hätte, ihren althergebrachten Partikularismus aufzugeben und einen gut funktionierenden Bund zu schmieden.

Das Einzige, was die Kronen Österreichs und Preußens sowohl miteinander als auch mit den übrigen Fürsten Europas einte, war der Hass auf den Nationalismus. Damals galt Nationalismus als progressiv und liberal, weil er die Forderung erhob, ein Volk – nach ethnischen Gesichtspunkten definiert – solle sich selbst regieren, statt von irgendjemanden beherrscht zu werden, der gerade zufällig den Thron geerbt habe. Naturgemäß hassten und fürchteten alle Monarchen in Europa den Nationalismus.

Zunächst blieb die Rivalität zwischen Preußen und Österreich von diesem gemeinsamen Interesse überdeckt. Zusammen mit ihrem mächtigen Nachbarn Russland schufen sie am 26. September 1815 die *Heilige Allianz*, um die Position der Autokratien zu stärken. Dann schlugen sie, und in ihrem Kielwasser auch die kleineren Staaten des Deutschen Bundes, 1819 einen härteren Kurs ein: Die *Karlsbader Beschlüsse* erklärten jegliche Zurschaustellung liberaler oder nationaler Gefühle, selbst durch Sportvereine oder Universitätsprofessoren, für aufrührerisch, demagogisch und illegal.

Der lähmende Konformismus auf sozialer, politischer und bürokratischer Ebene, der sich nun über ganz Deutschland ausbreitete, ist wohl am besten in Heinrich Heines großem Gedichtzyklus *Deutschland: Ein Wintermärchen* beschrieben. Darin kehrt der Dichter, der aus Deutschland fliehen musste, voller romantischer Gedanken dorthin zurück – nur um sich mit preußischen Soldaten konfrontiert zu sehen, die nun das Rheinland beherrschen:

Noch immer das hölzern pedantische Volk,
Noch immer ein rechter Winkel
In jeder Bewegung, und im Gesicht
Der eingefrorene Dünkel.

Diesem Deutschland war jede gesellschaftliche Mobilität fremd. Hohe Verwaltungs- oder Armeeposten waren der Aristokratie vorbehalten, jegliche politische

Betätigung war verboten. Der einzige Ort, an dem man weiterhin eine glänzende Karriere einschlagen konnte, war die Universität. Man musste sich dem Studium der Sprachen, der Geschichte, Theologie, Musik oder Naturwissenschaft verschreiben – also irgendeinem Fach, das keine offensichtliche politische Nutzanwendung bot. Die Begeisterung der Mittelklasse für *Innerlichkeit* und *Bildung* wuchs. Deutsche Universitäten wurden dank ihrer exklusiven Stellung als Leitern sozialen Aufstiegs zu weltweit bewunderten Einrichtungen. Da echte politische Auseinandersetzungen nicht erlaubt waren, etablierten sich deutsche Philosophieprofessoren schnell als Meister der Auseinandersetzung mit abstrakten Begriffen wie Freiheit, Pflicht, Eigentum und Ähnlichem. Der bei Weitem einflussreichste dieser Denker war Georg Wilhelm Friedrich Hegel (*1770 †1831), dessen Werk noch heute ausgiebig studiert wird.

Hegel

Hegel verschleierte seine Gedanken unter »so leerem und hohlem Wortkram« (Schopenhauer), dass es oft so gut wie unmöglich ist, zu verstehen, was er eigentlich meint. Doch im Zentrum steht sicherlich seine *dialektische* Theorie der Geschichte. Darin behauptet er, dass Ideen immer in offene oder geheime Konflikte verstrickt seien. Diese Konflikte führten zu Veränderungen, und zwar nicht in langsamen Entwicklungsschritten, sondern in plötzlichen Schüben, deren Resultate nicht vorhersagbar seien (z. B. der Aufstieg

Theorie: radikaler Glaube an Wandel durch Konflikt **+** Praxis: Anbetung der Staatsmacht **=** Die perfekte Philosophie für Extremisten von „rechts" und „links"

Hegel: Die Wurzel allen Unheils?

Napoleons im Schatten der Französischen Revolution). Das waren in der Tat ziemlich radikale Gedanken, und Hegels Zuhörer hingen an seinen Lippen. Allerdings dachte Hegel nicht, dass es sich hierbei um zufällige Vorgänge handelte: Er glaubte, der *Weltgeist* führe die Dinge am Ende in Richtung eines perfekten *Vernunftstaats*. Zwar existiere dieser noch nicht, doch oft deutete Hegel an, dass Preußen – in Wahrheit der autoritärste und militärischste Staat in Westeuropa – diesem Ideal am nächsten käme. Hegels Einfluss auf das deutsche Denken im 19. Jahrhundert – und auf einige Denker bis heute – beschwor geradezu unermessliche Übel herauf.

Wollte man im armen, unterdrückten Deutschland etwas Kritisches über den Stand der Dinge sagen oder schreiben, von Aktionen ganz zu schweigen, blieb nur eine Möglichkeit: nichts wie weg. Großbritannien, die *Werkbank der Welt*, hatte einen schier unendlichen Bedarf an Arbeitskräften. Es führte keine Grenzkontrollen durch, kannte keine Aufenthaltsbeschränkungen oder auch nur eine Meldepflicht und verfolgte die Politik, niemanden

»Ein Regenguss deutscher Habenichtse – schlechtes Wetter für
John Bull«, aus: *The Penny Satirist*, März 1840

an ausländische Mächte auszuliefern, welche Gründe
auch immer dafür sprechen mochten. London wurde
zum wichtigsten Ziel deutscher Emigranten, ob es sich
nun um Asylsuchende oder schlicht um Wirtschafts-
migranten handelte.

Von dort konnte man stets ins noch freiere Amerika weiterziehen, und viele taten dies auch. Für liberale
Deutsche, die verzweifelt nach Alternativen zu den von
Russland gestützten Polizeistaaten Preußen und Österreich suchten, wurde der Traum von der angloamerikanischen Freiheit zur logischen Perspektive.

ENGLANDS NATÜRLICHER
VERBÜNDETER

Statt nach England zu fliehen, strebten einige Deutsche
nach einem besonders innigen Verhältnis mit der Insel-
macht.

Angelsächsischer Liberalismus
im 19. Jahrhundert

Großbritanniens Prestige und Macht erreichten einen nie gekannten Höhepunkt. Liberale aller Länder akzeptierten, dass der Weg einer konstitutionellen Ordnung, eines zurückhaltenden Regierungsstils, freien Handels, beständig wachsenden Wohlstands und nahezu unbegrenzter persönlicher Freiheiten nicht nur eine mutmaßliche, allein auf Großbritannien und Amerika passende Erzählung sei, sondern in Wahrheit der natürliche Lauf der Welt. Alle Länder würden eines Tages diesen angelsächsischen Weg einschlagen, allenfalls hier und dort würde man militärisch ein wenig nachhelfen müssen. Die letzten lebenden Hohepriester dieser Ideologie sind amerikanische Neokonservative wie Dick Cheney, der Architekt der Golfkriege.

Die brandneue akademische Disziplin der Sprachwissenschaft hatte entdeckt, dass es in Europa verschiedene Sprachfamilien gab. Da Englisch eindeutig zur Gruppe der germanischen Sprachen gehörte, wurde behauptet, dass zwischen Deutschen und Engländern seit jeher eine Affinität bestehe. In den ersten drei Vierteln des 19. Jahrhunderts war es unter Deutschen und Engländern üblich, übereinander als *Cousins* zu schreiben. Das bestärkte einige Deutsche in dem Glauben, dass die angelsächsische Idee der Freiheit in Wahrheit eine alte germanische Idee sei und nicht eine jener fremden, die der Westen in Gestalt Frankreichs – und tatsächlich bereits Roms – Deutschland hatte auferlegen wollen.

Hegel persönlich dachte über die Möglichkeit nach, dass sich die *Weltgeschichte* demnächst im »nordischen Prinzip der germanischen Völker« als die Meere überspannendes, koloniales »Reich der Germanen« offenbaren würde. Damit meinte er nach Waterloo eine Allianz zwischen dem protestantischen Deutschland – selbstverständlich angeführt von Preußen – und England.

Das war nicht bloß der Traum eines Philosophen. Auch einer der politisch einflussreichsten Deutschen seiner Zeit war davon besessen. Albert von Sachsen-Coburg und Gotha, Prinzgemahl von Englands Königin Victoria – auch sie stammte selbstverständlich aus einer deutschen Familie –, strebte rastlos danach, den sogenannten Coburger Plan in die Tat umzusetzen. Albert und seine Berater schlugen, unter anderem unterstützt vom belgischen König Leopold, vor, dass Preußen zunächst Reformen nach britischem Vorbild umsetzen sollte. In einem zweiten Schritt sollte dann ganz Deutschland geeinigt werden, das sich dabei zu einem – wie Victoria sich ausdrückte – »äußerst nützlichen Verbündeten« Großbritanniens entwickeln würde.

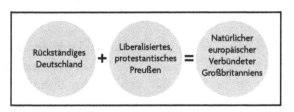

Prinz Alberts Coburger Plan

DIE GESCHEITERTE REVOLUTION
VON 1848/49

Die Zeit schien bereits 1848 gekommen. Überall kam es zu Missernten, und Europa wurde von mehreren Revolutionen erschüttert. Unmittelbar inspiriert wurden die Ereignisse in Deutschland von der Revolution in Frankreich, doch als sich die Demonstranten erst in Mannheim am Rhein und später an vielen weiteren Orten im Deutschen Bund versammelten, um ihre Forderungen zu stellen, beruhten diese auf angloamerikanischen – eher amerikanischen als englischen – Manifesten:

Die deutsche Revolution fordert:
1) Volksbewaffnung mit frei gewählten Offizieren
2) Unbedingte Pressefreiheit
3) Schwurgerichte nach englischem Vorbild
4) Sofortige Herstellung eines deutschen Nationalparlaments
5) Menschen- und Bürgerrechte
6) Eine vereinbarte Verfassung

Märzforderungen 1848

Am 18. März 1848 wurden dreihundert Demonstranten, die sich in den Straßen Berlins der Armee entgegenstellten, getötet (der *Platz des 18. März* vor dem Brandenburger Tor ist nach diesem Ereignis benannt.) Als Friedrich Wilhelm IV. von der Zahl der Toten erfuhr, verlor er die

Nerven, verbeugte sich vor den gefallenen Revolutionären, nahm öffentlich deren schwarz-rot-goldene Flagge an und versprach: »Preußen geht fortan in Deutschland auf.«

Die liberal-nationalistischen Revolutionäre schienen gewonnen zu haben. Preußen selbst hatte nun einen scheinbar liberalen König und ein gewähltes Parlament, den Landtag. Zur gleichen Zeit debattierte in Frankfurt ein größeres, gesamtdeutsches Parlament, die Nationalversammlung, über die Gestalt der deutschen Einheit. Sollte es eine großdeutsche Lösung (unter Einschluss und Führung Österreichs) oder eine kleindeutsche Lösung (ohne Österreich und unter Führung Preußens) geben?

Am Ende sollte keine der beiden Lösungen umgesetzt werden. Als die Frankfurter Nationalversammlung am 3. April 1849 Friedrich Wilhelm IV. von Preußen die deutsche Kaiserwürde anbot, hatten sich die Umstände geändert, und er lehnte voller Verachtung ab. Denn Österreich und Preußen hatten ein neues Ass im Ärmel: Russland. Sie wussten, sie würden sich auf die mächtige Armee des Zaren verlassen können, die sich aus loyalen, von liberalen Ideen unberührten Bauern zusammensetzte. Die westwärts orientierte Revolution von 1848/49 wurde niedergeschlagen. Die autokratischen Herrscher Deutschlands erhielten dank der tadellosen Gesundheit der russischen Despotie ihre Macht zurück.

Nun stand nur noch die Frage im Raum, ob Preußen oder Österreich die Vorherrschaft über Deutschland einnehmen würde – die russische Zustimmung natürlich vorausgesetzt. Preußen beeilte sich, die anderen großen norddeutschen Königreiche, Sachsen und Hannover, in die Erfurter Union zu ziehen. Darauf reagierte Österreich mit Kampfbereitschaft, und beide Seiten machten mobil. Doch der allmächtige Zar Nikolaus stützte den Status quo. Preußen musste die *Schmach von Olmütz* vom 29. November 1850 über sich ergehen lassen und die Restauration des Deutschen Bundes von 1815 akzeptieren, dem weiterhin Österreich vorstand.

DER WESTEN, ZÜGELLOS

Im Jahr 1850 herrschten in Deutschland wieder dieselben Verhältnisse wie 1815: ein Patt zwischen Österreich und Preußen, und über beiden drohte Russland. Weiterhin flohen deutsche Auswanderer, sei es aus wirtschaftlichen oder politischen Gründen, nach London. Einer der politischen Flüchtlinge blieb dort, um seine Bücher zu schreiben. Diese zielten – wie er sich ausdrückte – darauf, die Welt nicht nur zu verstehen, sondern sie zu verändern.

Karl Marx

Marx machte sich als geistreicher, furchtlos radikaler Reporter und Zeitungsverleger, der kaum ein Gelage oder Duell ausließ, einen Namen. Im *Kommunistischen Manifest* übernahmen er und sein rheinischer Landsmann Friedrich Engels Hegels Doktrin des Fortschritts durch Konflikt und behaupteten, dass der wahre Kampf, der die gesamte Geschichte durchziehe, zwischen sozialen Klassen stattfinde. Dieser

Klassenkampf werde so lange weitergehen, bis Marx' Version von Hegels *Vernunftstaat* mit der *Diktatur des Proletariats* erreicht sei. Dann würden sämtliche Konflikte enden, echte Freiheit für alle – im Gegensatz zum angelsächsischen Modell der Freiheit – würde gelten und die Geschichte an ihr Ende kommen. In seinem späteren Leben sah sich Marx weniger als Polemiker denn als Wissenschaftler nach dem Vorbild Darwins, den er sehr dafür bewunderte, eine »naturwissenschaftliche Unterlage des geschichtlichen Klassenkampfes« geliefert zu haben (so Marx). Sein monumentales Werk *Das Kapital* beansprucht zu beweisen, dass es nach wissenschaftlicher Einsicht unvermeidlich zu einem gewaltsamen Kollaps des Kapitalismus kommen müsse. Die messianische Perspektive all dieses Geredes über *Unvermeidlichkeit*, *Geschichte*, *wahre Freiheit*, *Kampf* etc. ist offensichtlich, und Marx' Gedanken wurden – wie so viele messianische Modelle – eifrig in Stellung gebracht, um schreckliche Despoten und Mörder zu rechtfertigen. Am besten stellt man sich Marx wohl als einen erstklassigen Journalisten vor, der viele überzeugende Erkenntnisse zur unmittelbaren Vergangenheit und Gegenwart formulierte, jedoch bezüglich der Zukunft so gut wie immer vollständig danebenlag.

Dann aber geriet das Europäische Kräftegleichgewicht gehörig ins Wanken, und zwar zugunsten des Liberalismus. Im Jahr 1853 hielt der Begriff »Westmächte« Einzug in die deutsche Sprache. Frankreich und Großbritannien taten sich zusammen, um im *Krimkrieg* 1853 bis 1856 Russlands Expansion am Schwarzen Meer entgegenzutreten – ein Konflikt, den sie als ideologisches Ringen zwischen Liberalismus und Absolutismus betrachteten. Sie schlugen die Armeen des Zaren auf dessen Boden und trafen damit Russlands Macht und Prestige bis ins Mark. Nur kurze Zeit später, nämlich 1857, schlug Großbritannien den *Indischen Aufstand* nieder. Die Briten eilten weltweit von Sieg zu Sieg, während Amerika noch nicht in die Wirren des Bürgerkriegs verstrickt war – in den späten Fünfzigerjahren des 19. Jahrhunderts schien die Zukunft den angelsächsischen Staaten zu gehören.

In Deutschland erreichte die Anglophilie neue Höhen, die durch die Verlobung von Victorias und Alberts Tochter – eine weitere Victoria – mit Prinz Friedrich Wilhelm verstärkt wurde, der auf Platz zwei in der preußischen Thronfolge stand. Otto von Bismarck – Diplomat, Journalist (er war 1848 Mitbegründer der monarchistischen *Kreuz-Zeitung*) und Junker – schrieb einem Freund voller Verdruss:

Bismarck lästert über die Anglisierung, 1856

[Diese] stupide Bewunderung des deutschen Michels für Lords und Guineen, in der Anglomanie von Kammern, Zeitungen, Sportsmen, Landwirten und Gerichtspräsidenten … Jeder Berliner fühlt sich jetzt schon gehoben, wenn ein wirklicher englischer Jockey von Hart oder Lichtwald ihn anredet und ihm Gelegenheit gibt, the Queen's Englisch zu radebre-

chen; wie wird das erst werden, wenn die erste Frau
im Lande eine Engländerin ist.

Brief an Leopold von Gerlach, 8. April 1856

Wenn selbst Berlin schon anglophil war, so musste dieses
Gefühl im seit 1815 von Preußen regierten Rheinland
umso stärker sein. Der in Köln sitzende *Nationalverein*
sah die Zukunft in einer neuen, auf der Seefahrt grün-
denden angloamerikanisch-deutschen weltweiten Hegemonie, die mit der alten Achse Preußen-Russland nicht
das Geringste zu tun haben würde.

Die germanische Rasse ist von der Vorsehung bestimmt, die Weltherrschaft zu führen. Sie ist physisch
und geistig vor allen andern bevorzugt, und die
halbe Erde ist ihr fast untertan. England, Amerika,
Deutschland, das sind die drei Zweige des mächtigen
germanischen Baumes ...

Wochen-Blatt des Nationalvereins, *7. Sept. 1865*

Das Rheinland blickte nach Westen. Der russische Einfluss schwand, und Preußen, das fünfzig Jahre lang kaum
mehr als ein Schutzbefohlener Russlands gewesen war,
schien nicht länger unbesiegbar. Die Spannungen zwischen dem alten Preußen östlich der Elbe und seiner
neuen Kolonie im Rheinland brachen nun offen aus.

Im Mittelpunkt des Konflikts stand das Geld. Das Rheinland hatte den größten Anteil am Reichtum Preußens, doch wollte die königliche Regierung in Berlin am liebsten allein entscheiden, wie die Steuern auszugeben seien. Als nun der Wirtschaftsboom zu einer wahren Explosion der Steuereinnahmen führte, kam immer mehr Geld aus der weit entfernten, westorientierten Region. Der Machtkampf drehte sich vor allem um das Budget für die preußische Armee. Dabei blieb dem Preußischen Parlament nach dem Zusammenbruch des Liberalismus 1849 nur noch ein letztes Druckmittel: Es konnte das Staatsbudget annehmen oder ablehnen. Abgeordnete aus dem Rheinland und liberale Abgeordnete aus Berlin bestanden nun darauf, einer Erhöhung der Militärausgaben nur dann zuzustimmen, wenn die Armee zu einer Volksmiliz umgebaut würde, deren Offiziere vom Parlament ernannt werden sollten. Für den König und die Junker war dies der blanke Horror.

Bis 1862 wuchs der Druck der Liberalen so weit an, dass Wilhelm I. ernsthaft darüber nachdachte, zugunsten seines Sohns abzudanken. Das hätte Queen Victorias geliebten Schwiegersohn Friedrich Wilhelm, der für seinen Reformwillen bekannt war, auf den Thron von Preußen gehievt. Die reaktionäre Clique um König Wilhelm sah ihre Felle davonschwimmen und fasste einen letzten verzweifelten Plan: Sie wollte einen echten ostelbischen Junker zum Ministerpräsidenten ernennen, der den westlich orientierten Parlamentariern die Stirn bieten würde. Und sie hatte auch schon einen Kandidaten im Sinn.

DER EISERNE KANZLER
BETRITT DIE BÜHNE

Otto von Bismarck (*1815 †1898) war wie jeder Junker fest entschlossen, das alte, monarchische Preußen zu erhalten. Dass ihm dies auch gelang, lag zum einen an der einmaligen Rücksichtslosigkeit, mit der er dieses Ziel verfolgte. Zum anderen wusste er genau, dass er die Welle des liberalen Nationalismus lediglich kanalisieren, nicht aber völlig eindämmen konnte. Im Juni 1862, also noch bevor er in Preußen die Regierungsspitze übernahm, verriet er in London dem künftigen britischen Premierminister Benjamin Disraeli, wie er vorzugehen gedachte. Disraeli war höchst erstaunt darüber, wie offen Bismarck sprach – und er war nicht der Einzige. Er hielt alles in seinem Tagebuch fest und warnte die Österreicher: »Hüten Sie sich vor diesem Mann! Er meint, was er sagt.«

Bismarck spricht Klartext, Juni 1862

Ich werde … binnen kurzem genötigt sein, die Leitung der preußischen Regierung zu übernehmen. … Ist die Armee erst auf Achtung gebietenden Stand gebracht, dann werde ich den erstbesten Vorwand ergreifen, um Österreich den Krieg zu erklären, den Deutschen Bund zu sprengen, die Mittel- und Kleinstaaten zu unterwerfen und Deutschland unter Preußens Führung die nationale Einheit zu geben.

»Unter Preußens Führung«, so lauten die entscheidenden Worte. Bismarck plante, Deutschland den Anstrich nationaler Einheit zu geben, unter dem freilich die preußische Vorherrschaft hindurchschimmern würde. Sein Kalkül beruhte darauf, dass viele Deutsche die Einheit mittlerweile so sehr herbeisehnten, dass etwas Schönfärberei genügen würde, damit sie die königlich-preußische Machtergreifung entweder nicht bemerken oder sich nicht um sie scheren würden.

Schon bald hatte er Gelegenheit, die deutschen Nationalisten davon zu überzeugen, dass Preußen und nicht der Westen ihr wahrer Freund sei. Ende 1863 sah es so aus, als wolle Dänemark die mehrheitlich deutschsprachigen Herzogtümer Schleswig und Holstein, die der dänische König bereits als Herzog regierte, noch näher an sich binden. Der Deutsche Bund versuchte dies zu verhindern und marschierte – wenig erfolgreich – mit Truppen aus Hannover und Sachsen ein. Während der folgenden Pattsituation versprachen die Briten im Brustton der Überzeugung, dass sie Dänemark im Falle erneuter Kampfhandlungen zu Hilfe kommen würden.

Daraufhin wurde Deutschland von einer Welle des Patriotismus erfasst. Warum taten die Engländer, die den griechischen und italienischen Nationalismus verteidigten, nicht dasselbe für ihre deutschen Verwandten? Bismarck sah die Gelegenheit gekommen, den englischen Bluff aufzudecken und gleichzeitig die Österreicher zu einem gemeinsamen Vorgehen zu überreden, was eine Fülle von Konfliktpunkten in sich bergen musste. Er bot an, die preußische Armee, vorgeblich im Namen des Deutschen Bundes, einzusetzen. Österreich blieb nichts anderes übrig, als ihm entweder zu folgen oder den eigenen Führungsanspruch in Deutschland aufzugeben. Die Dänen wurden schnell besiegt – ohne dass die Royal Navy wie versprochen aufgetaucht wäre.

Bismarck hatte mit Erfolg darauf gewettet, dass die reichste Nation der Welt nicht zum Krieg bereit war. Nach 1864 streiften viele Deutsche ihre frühere Bewunderung für England ab und verglichen es nun mit einem dekadenten und heruntergekommenen alten Löwen, der sich nur noch für seine Bankkonten interessierte.

Zwar war es Bismarck gelungen, die nationalliberale Leidenschaft für seine Zwecke einzuspannen, doch hatte er diese damit keineswegs gezähmt. Der parlamentarische Konflikt in Berlin über die Finanzierung und/oder Erneuerung der preußischen Armee nahm an Schärfe zu.

Englands Schwäche 1864, verspottet in der Satirezeitschrift
Kladderadatsch

Im Juni 1865 forderte Bismarck im Parlament die große liberale Führungsfigur Rudolf Virchow, zugleich Vater der Zellularpathologie, wutentbrannt zum Duell. Es heißt, dass sich Virchow bei der Wahl der Waffen für zwei Bratwürste entschieden habe, von denen eine vergiftet gewesen sei. Schließlich war ihm klar, dass er im Zweikampf mit Säbel oder Pistole gegen den riesigen und grimmigen Junker keine Chance gehabt hätte. Das Duell wurde nie ausgetragen, doch wurden am 22. und 23. Juli 1865 die Abgeordneten in Köln derart triumphal empfangen, dass die preußische Polizei Heerestruppen und sogar einen Elefanten aus dem Kölner Zoo einsetzen musste, um die Liberalen aus dem Stadtzentrum zu jagen. Bismarck wusste, dass es so nicht weitergehen konnte. Es war an der Zeit, den Plan, den er 1862 vor Disraeli so offenherzig entworfen hatte, in die Tat umzusetzen.

PREUSSEN BESIEGT DEUTSCHLAND

Bismarck ließ am 9. Juni 1866 Truppen in Holstein einmarschieren, um den endgültigen Bruch mit dem unmöglichen Verbündeten Österreich zu besiegeln. Er verließ sich allerdings nicht auf die mythische Unbesiegbarkeit der preußischen Armee. Vielmehr stellte er im Voraus sicher, dass die diplomatischen Kräfte perfekt austariert waren. Als die Kampfhandlungen am 16. Juni begannen, blieben Russland und Frankreich neutral, während Italien die Besitzungen Österreichs in Venetien angriff. Die Habsburger hatten es also mit einem Krieg an zwei Fronten zu tun.

Die meisten Deutschen, so auch die anderen Königreiche (Bayern, Hannover, Sachsen und Württemberg), unterstützten Österreich. Doch im Gegensatz zu Preußen hatten sie keinen Krieg angestrebt und waren dementsprechend unvorbereitet. Dennoch zogen sie in den Kampf. Am 27. Juni besiegten die Hannoveraner die Preußen bei Langensalza: Eine preußische Armee, die übereilt und zahlenmäßig unterlegen in die Schlacht zog, musste wie jede andere Armee Niederlagen einstecken. Doch letztlich hing alles von Österreich ab.

Fatalerweise konnten sich die Habsburger nicht dazu durchringen – und taten es damit so vielen anderen deutschen Sachwaltern Roms vor ihnen gleich –, ihrer Stellung innerhalb Deutschlands allererste Priorität zu verleihen. Sie hätten Venedig den Italienern überlassen und Preußen mit voller Stärke begegnen können. Stattdessen marschierten sie an zwei Fronten mit geteilten Kräften auf. Als am 3. Juli 1866 die entscheidende Schlacht an den Ufern der Elbe bei Königgrätz (das heutige Hradec Králové in Tschechien) geschlagen wurde, fehlte ein großer Teil der österreichischen Truppen. Das zahlenmäßige Verhältnis zwischen Preußen und Österreichern war somit ausgeglichen.

Waffentechnisch waren die Preußen jedoch haushoch überlegen. Dank des im Rheinland erwirtschafteten Reichtums hatten die Preußen ihre Truppen gerade erst mit Hinterladergewehren ausrüsten können. Die Österreicher hatten eine ähnliche Modernisierung in Betracht gezogen, letztlich jedoch die enormen Kosten gescheut. Wie alle anderen europäischen Armeen benutzten auch sie weiterhin Vorderlader. Während die preußische Armee ohne Unterbrechung aus knienden oder gar liegenden Positionen feuern konnte, mussten die Österreicher weiterhin stehen und ihre Gewehre, wie vor einem halben Jahrhundert bei Waterloo üblich, mithilfe von Ladestöcken laden. Es bedarf keines militärischen Genies, eine zahlenmäßig ausgeglichene Schlacht zu gewinnen, wenn die eigene Infanterie bei jedem Zusammenstoß viermal mehr Gegner tötet als umgekehrt. Die Österreicher wurden niedergemäht und in die Flucht geschlagen.

Angeführt von Bayern, zogen die südlichen Staaten während der folgenden drei Wochen in kleinere Schlachten, doch ohne das besiegte Österreich war die Lage aussichtslos. Schleswig-Holstein, Hessen-Kassel, Frankfurt und Nassau wurden von Preußen annektiert. In Hannover, das den heftigsten Widerstand geleistet hatte, wurden die Welfen, die älteste Monarchie Europas, abgesetzt. Das Königreich wurde zu einer preußischen Provinz degradiert und seiner riesigen Goldreserven beraubt. Dies war, schlicht und ergreifend, Eroberung.

Ganz Deutschland war nun Preußen auf Gedeih und Verderb ausgeliefert. Der König wollte auf Wien marschieren, und die Armee war ganz auf seiner Seite. Doch Bismarck hatte nie einen größeren Brocken von Deutschland gewollt, als problemlos prussifiziert werden konnte, und ließ anhalten. Jetzt hieß es für Preußen erst einmal, seine riesigen Landgewinne zu verdauen.

Der *Norddeutsche Bund* wurde als konstitutionelles Feigenblatt für die faktische Hegemonie Preußens gegründet. Nominell handelte es sich um einen Bundesstaat mit eigenständigen Mitgliedern und freien Wahlen. Doch als Oberhaupt war der preußische König fest-

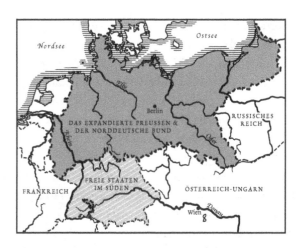

Der Norddeutsche Bund, 1867

geschrieben, und als Kanzler der preußische Minister-
präsident. Mehr als 80 Prozent der Bevölkerung und des
Territoriums waren preußisch.

Sachsen wurde zum Beitritt gezwungen, doch die
Staaten südlich des Mains – Bayern, Württemberg,
Baden und Hessen-Darmstadt – blieben frei. Bismarck
ließ nun Wahlen zum gesamtdeutschen *Zollparlament*
in Berlin durchführen. Er erwartete, dass sich das neu
entfachte Nationalgefühl Bahn brechen und die noch
freien Fürsten in eine Union unter Preußen zwingen
würde. Doch er wurde enttäuscht: In den beiden größten
südwestdeutschen Ländern Bayern und Württemberg
entschieden sich die Wähler für antipreußische Kandidaten. Sie unterschieden eindeutig zwischen Einheit und
Prussifizierung. Wenn man bedenkt, dass sie Preußen
nur zwei Jahre zuvor noch auf dem Schlachtfeld gegen-

übergestanden hatten, war dieses Ergebnis nicht allzu überraschend.

Noch waren die Würfel nicht gefallen. Um seinen großen Plan von 1862 – die Unterwerfung aller Kleinstaaten – umzusetzen, benötigte Bismarck nun einen Angriff Frankreichs auf Preußen. Nur so würde es ihm gelingen, als Verteidiger statt als Eroberer des westlichen Deutschlands aufzutreten.

Der alternde und schwache Napoleon III. gehorchte prompt und setzte damit den traurigen Höhepunkt seiner an Desastern reichen späten Regierungsjahre. Am 13. Juli gebar Bismarcks tödlicher Mix aus Raubrittertum und tiefem Verständnis der modernen Zeiten eine bislang unbekannte Bestie: Krieg, geführt mit den Mitteln der Massenmedien. Persönlich manipulierte er eine eigentlich unspektakuläre diplomatische Note – die *Emser Depesche* –, sodass diese den Anschein vermittelte, als habe Preußens König Wilhelm den französischen Botschafter beleidigt. Um die angebliche Beleidigung größtmöglich aufzublasen, ließ Bismarck sie am französischen Nationalfeiertag veröffentlichen. Napoleon III. sah nun die Chance gekommen, seine verblassende Popularität aufzufrischen. Nachdem ihm seine Generäle versichert hatten, dass seine Armee bereit sei, erklärte er den Krieg.

Die Welt, die von Bismarcks Plan nichts ahnte, fiel darauf herein und sah darin nichts anderes als einen mutwilligen französischen Angriff. Karl Marx sprach eine Woche nach Beginn der Auseinandersetzungen von einem »Kriegskomplott« der Franzosen, in dem Deutschland, und nicht nur Preußen, einen »Verteidigungskrieg gegen die bonapartistische Aggression« führe. Die meisten erwarteten einen langen Krieg, der auf deutschem Boden ausgefochten würde und an dessen Ende höchstwahrscheinlich der Sieg der französischen Berufsarmee über die preußischen Wehrpflichtigen stünde. In London sangen die Menschen »Die Wacht am Rhein«. Österreich rieb sich die Hände und hoffte auf Rache für 1866, wäre Preußen erst einmal besiegt.

Niemand wusste, dass Bismarck und der preußische Generalstab unter Helmuth von Moltke diesen Krieg über Jahre geplant hatten. Bismarck ließ sich umsichtig die russische Neutralität garantieren, sodass keine Kräfte im Osten verbleiben mussten. Moltke benutzte das Schienennetz, um Truppen schneller an die Front zu transportieren, als es irgendjemand für möglich gehalten hätte. Und mit Krupps neuen, gezogenen Hinterlader-Stahlkanonen – geschmiedet in den westdeutschen Industriegebieten, die Großbritannien den Preußen 1815 fatalerweise überlassen hatte – war den Preußen der entscheidende militärtechnische Quantensprung gelungen. Planerisch, zahlen- und waffenmäßig von vornherein gnadenlos unterlegen, hatten die Franzosen nicht den Hauch einer Chance.

Für die Zeitgenossen war dieser Ausgang erstaunlich. Eine Welle nationalistischen Fiebers wogte über Deutschland hinweg, als der jahrhundertealte Schatten französischer Hegemonie plötzlich wie weggeblasen war. Paris wurde besetzt. In ihrer Euphorie, oder Megalomanie, bestand die preußische Armee gegen Bismarcks anfänglichen Widerstand darauf, Elsass und Lothringen aufgrund militärischer Notwendigkeiten zu annektieren.

Beide Länder befanden sich seit vielen Generationen unter französischer Herrschaft. Die große Mehrheit der Bevölkerung wäre dies, nach ihren Wahlentscheidungen in den folgenden zwanzig Jahren zu schließen, auch gerne geblieben, obwohl sie überwiegend deutsche Dialekte sprachen. Diese Annexion sollte sich als unüberwindliche Belastung für die künftigen deutsch-französischen Beziehungen herausstellen.

Die süddeutschen Königreiche, deren Truppen sich bei diesem überraschenden Triumph auf der Seite der Sieger wiederfanden, begannen nun, über den Eintritt in den Norddeutschen Bund zu verhandeln, wenngleich nicht ohne Klauseln, die ihre Autonomie sicherstellen sollten. Bismarck machte dem Südwesten jedoch deutlich, dass Aussteigen keine echte Option war. Dann erklärte sich am 10. Dezember 1870 der Norddeutsche Bund, dem die süddeutschen Staaten inzwischen beigetreten waren, zum Deutschen Reich, und der König von Preußen wurde Kaiser.

Am Morgen des 18. Januar 1871 erschienen Bismarck und Wilhelm I. übelgelaunt im Spiegelsaal von Versailles. Sie hatten sich die ganze Nacht über in einen bitteren Disput darüber verrannt, ob Wilhelm als »Deutscher Kaiser« oder als »Kaiser von Deutschland« firmieren sollte. Der Großherzog von Baden löste schließlich das Problem, indem er laut »Lang lebe Seine Majestät, Kaiser Wilhelm« ausrief. Nach juristischen Maßstäben hatte der Tag streng genommen genauso wenig Bedeutung wie der Tag, an dem die Berliner Mauer fiel, doch die Geschichte hält sich nicht an juristische Grundsätze. Das zweite deutsche Reich war nun Tatsache.

Der Südwesten Deutschlands, seit dem Jahr 100 n. Chr. ein wichtiger Teil Westeuropas, war nun völlig in der Hand einer Macht jenseits der Elbe, die gerade einmal seit dreieinhalb Jahrhunderten existierte. Der Schwerpunkt Europas hatte sich dramatisch nach Osten verschoben. Disraeli erkannte auch sofort, dass dies ein »größeres politisches Ereignis als die Französische Revolution des vorangegangenen Jahrhunderts« war.

DAS NEUE PARADIGMA

Das neue deutsche Kaiserreich wurde in der berauschenden Atmosphäre des Sieges gegründet, und seine Wirtschaft, gefüttert mit Waggonladungen von Gratisgoldbarren aus dem besetzten Frankreich, geriet augenblicklich in einen Boom. Dennoch war es von Beginn an ein recht seltsames Gebilde.

Es schloss mehr als acht Millionen Menschen in Österreich, Böhmen und Mähren aus, die von sich bis 1871 immer als Deutsche gesprochen hatten. Gleichzeitig war es nun Heimat für drei Millionen Polen sowie große, kürzlich einverleibte dänische und französische Minderheiten in Schleswig-Holstein und Elsass-Lothringen. Sie alle hatten keinerlei Absicht gehabt, Deutsche zu werden.

Niemals hatte Deutschland – nicht einmal in der Fantasie – auch nur annähernd diese Gestalt gehabt. Für viele Jahre nannten es ausländische Beobachter Preußen-Deutschland oder einfach Preußen.

Das Reich schien so konstruiert, dass ein anderer als

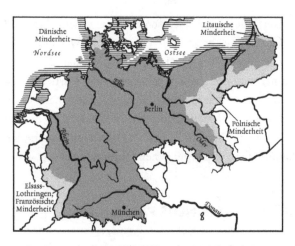

Das Deutsche Reich 1871–1918 und seine Minderheiten

Bismarck es unmöglich hätte regieren können. Neben dem Reichstag in Berlin gab es in jedem Staat einen eigenen Landtag. Doch da Preußen nun so riesig war, regelte der Preußische Landtag – auch dieser tagte in Berlin – die Tagesgeschäfte von zwei Dritteln des Reichs. Preußen behielt sein weltweit einmaliges Dreiklassenwahlrecht, bei dem das Stimmgewicht eines Bürgers davon abhing, wie hoch seine Steuerlast war. In den ländlichen Wahlkreisen Ostelbiens, wo es typischerweise einige wenige große Güter, so gut wie keine Mittelklasse und viele gefügige Bauern gab, bestimmten die junkerlichen Großgrundbesitzer nach Gutdünken die Abgeordneten ihrer ureigenen Konservativen Partei.

Der Reichstag, der nur die Straße hinunter lag, wurde nach allgemeinem Männerwahlrecht gewählt. Doch seine Abgeordneten konnten den Kanzler nicht absetzen, dieses Recht war dem Kaiser vorbehalten. Solange Bismarck Wilhelms Vertrauen genoss, blieb den Abgeordneten nur die Option, seine Gesetzes- und Budgetentwürfe abzulehnen und Neuwahlen zu erzwingen. Geschah dies, drohte Bismarck des Öfteren damit, seine narbengesichtigen Junker-Samurai und deren brutal gedrillte Bauernburschen von der Leine zu lassen.

Wenn die Debatten vorbei sind und abgestimmt werden soll, ... öffnet sich eine Tür und es kommt Fürst Bismarck in Kürassieruniform herein; er trägt riesige Stiefel und lässt seinen gewaltigen Säbel am Boden entlangrasseln. Das Haus wirkt eingeschüchtert und benimmt sich, als stünde hinter seinen militärischen Staatsmännern ein Linienregiment, das jederzeit bereit ist, Gehorsam mit dem Bajonett durchzusetzen.

Henry Vizetelly, Berlin under the New Empire, *London 1878*

Bismarck gelang es, den demokratischen Schein zu wahren, weil es im Reichstag eine Partei gab, deren Loyalität faktisch allein ihm gehörte. Das waren die Nationalliberalen, deren Machtbasis in Preußen und den kleineren protestantischen Staaten lag. Ihnen kam in der politischen Geschichte Deutschlands nach 1871 eine entscheidende Rolle zu.

Die Nationalliberalen hatten sich nach dem Krieg von 1866 von den Altliberalen abgespalten und entwickelten einen sehr eigenwilligen Blick auf das viktorianisch-liberale Denken. Sie glaubten natürlich an Fortschritt und Freiheit – aber auf eine eher neue Art. Für sie hieß Fortschritt nicht, noch mehr ungeordnete, individualistische »Freiheit« zu erreichen. Die wahre Freiheit der Menschheit – wie Hegel behauptet hatte – lag für sie darin, Teil eines reibungslos funktionierenden Staatsgebildes zu sein, wie das neue preußisch-deutsche Reich eines war. Zwar konnte man es noch nicht perfekt nennen, doch Erfolge in Kriegen und Wirtschaft waren ein darwinscher Hinweis darauf, dass man sich auf einem guten Weg befand. Dafür musste – so die nationalliberale Logik – Bismarck voll und ganz unterstützt werden.

In dieser Allianz zwischen Bismarcks neuem Reich und der Ideologie von »Fortschritt durch Konflikt« erkennen wir erstmals und in embryonaler Form die Hauptsäulen einer jeden modernen Diktatur:

DER GOTT DES
FORTSCHRITTS SCHEITERT

Bismarck erklärte unmittelbar nach der Reichsgründung dem gesellschaftlichen und politischen Einfluss der katholischen Kirche den Krieg. Es begann der *Kulturkampf*. Schulen wurden der kirchlichen Kontrolle entzogen, Zivilehen erlaubt, und Priestern war es untersagt, sich für irgendein Projekt zu engagieren, das auch nur ansatzweise nach politischer Opposition aussah.

Ausländische Beobachter waren verblüfft: Unnötige Auseinandersetzungen mit dem soeben annektierten Süddeutschland und der polnischen Minderheit in Preußen schienen ihnen eine seltsame Methode zu sein, ein gerade gegründetes Reich zu einen. Doch Bismarck wollte überhaupt keine Vereinigung. Er wollte Prussifizierung – und seine wichtigsten Verbündeten, die Nationalliberalen, wollten Fortschritt. Die katholische Kirche zu bekämpfen war ein sicherer Weg, diese politischen Ziele miteinander in Einklang zu bringen.

Doch schon bald geriet dieses seltsame neue Reichsprojekt gehörig ins Trudeln. Der allumfassende Boom gründete auf dem von Frankreich geraubten Gold. Sobald es aufgebraucht war, folgte ein ebenso allumfassender Börsencrash. Es dauerte vierzig Jahre, bis die Berliner Börse wieder die Höhen des Herbstes 1872 erklomm. Diese Erfahrung hat sich in die deutsche Sprache eingeprägt: Die *Gründerjahre* und der *Gründerkrach* beziehen sich nicht auf die Gründer des neuen Reichs, sondern auf die Gründer dubioser, spekulativer Firmen.

Während die Wirtschaft auf Grundeis lief, hatten

die katholische Bevölkerung und die Kirche den Kulturkampf zu ertragen. Staatliche Repressionen erreichten eine Härte, denen selbst preußische Konservative ihre Unterstützung versagten. Am Ende erreichte Bismarck jedoch nur, dass das politische Vehikel der Katholiken immer stärker wurde. Die Zentrumspartei sollte für zwei Jahrzehnte die größte Fraktion im Reichstag stellen. Zur selben Zeit vereinten sich die deutschen Sozialisten 1875 unter marxistischer Flagge und begannen, mit ihrer alternativen Auffassung von Fortschritt, der zur ultimativen Weltrevolution führen sollte, Wahlerfolge einzufahren.

Um seine Herrschaft zu sichern, zog Bismarck einen weiteren Krieg in Betracht. Im Jahr 1875 bediente er sich einiger handzahmer Zeitungen, um Hinweise auf einen erneuten Schlag gegen Frankreich zu streuen. Die *Krieg-in-Sicht-Krise* führte jedoch zum vorher Undenkbaren: Großbritannien und Russland unternahmen erste Schritte, um eine Allianz mit Frankreich gegen Preußen-Deutschland zu bilden. Bismarck sah sich zum eiligen Rückzug gezwungen und erklärte wütend, die Engländerin – die Kronprinzessin – habe ihn verraten, im Interesse ihrer Mutter Queen Victoria.

Im neuen Preußen-Deutschland lief nichts wie gewünscht. Und es sollte noch schlimmer kommen.

BISMARCK WEIHT DEUTSCHLAND
DEM UNTERGANG

Von 1876 an überrollte eine Welle panslawischen Nationalismus Südosteuropa, das damals noch vom Osmanischen Reich beherrscht wurde. Russland griff die Türken 1877 erfolgreich an und trat fortan als die Schutzmacht aller Slawen auf. Das war auf lange Sicht verheerend für das österreichisch-ungarische Habsburgerreich. Schon 1866 war es nach der Niederlage gegen Preußen dem Kollaps gefährlich nahe. Doch hätten sich nun seine Polen, Slowenen, Serben, Kroaten und Tschechen mit Unterstützung Russlands erhoben, wäre dies der Untergang gewesen. Die herrschende deutsche Minderheit hätte mit Sicherheit Anschluss an das junge Deutsche Reich gesucht, und ganz Deutschland hätte verlangt, dass man sie einließe.

Für Bismarck wäre dies ein Desaster gewesen. Er wollte nie ein vereintes Deutschland, er wollte immer ein preußisches Deutschland. Wären nun acht Millionen weitere katholische Deutsche im Reich aufgenommen worden und hätte Wien sich mitsamt seinem Habsburger Herrscher mit München und Stuttgart als Gegengewicht zu Berlin verbündet, dann hätte Preußen ausgespielt gehabt.

Wollte Preußen weiterhin über Deutschland herrschen, musste das multinationale Österreich-Ungarn um jeden Preis erhalten bleiben. Wie Bismarck am 17. Juni 1878 Disraeli gegenüber zugeben musste, war er »mit Händen und Füßen an Österreich gebunden«.

Also machte Bismarck eine Kehrtwende, die die Welt

in Erstaunen versetzte: Er beendete den Kulturkampf, überwarf sich mit den Liberalen, gab den Freihandel auf und unterzeichnete im Oktober 1879 eine antirussische Allianz mit seinem ältesten Feind, dem erzkatholischen Österreich.

Der *Zweibund* von 1879 war für Deutschland ein sehr schlechtes Geschäft. Nichts deutete darauf hin, dass Russland Deutschland angreifen würde, wohingegen die Spannungen zwischen Russland und Österreich-Ungarn auf dem Balkan sehr real waren. Hätten nun die Habsburger die Russen dazu anstacheln können, als Erste zuzuschlagen, hätten sie die geballte Stärke des vereinigten Deutschlands hinter sich gehabt, um ihre Abenteuer jenseits der Donau abzusichern.

In den Jahren 1815 und 1850 strebte Österreich nach zwei scheinbar unvereinbaren Zielen: Es wollte einerseits sein riesiges, nur teilweise deutschsprachiges Reich behalten und andererseits die Richtung der gesamtdeutschen Politik bestimmen. Nun, im Jahr 1879, erhielt es genau das. Wenn man bedenkt, wie heftig es 1866 von Preußen abgestraft worden war, handelte es sich um ein erstaunliches Comeback. Der gewandte österreichisch-ungarische Außenminister Gyula Andrássy sah Bismarcks Notlage so klar, dass er ihm sogar das erwünschte

Gegenversprechen, Deutschland im Falle eines französischen Angriffs unbedingt beizustehen, verweigerte. Kein vernünftiger deutscher Staatsmann hätte diesem Deal je zugestimmt.

Bismarck war zwar nicht verrückt. Aber er war auch nicht wirklich *deutsch*. Er war preußisch. Und um die preußische Herrschaft über Deutschland zu garantieren, schmiedete er das militärische Bündnis mit Österreich in dem Bewusstsein, dass »irgendeine verdammte dumme Sache auf dem Balkan« – so seine eigenen Worte – Deutschland in einen Krieg mit Russland hätte ziehen können.

Die alten, nach Westen orientierten Königreiche und Herzogtümer Deutschlands mussten nun mit ansehen, wie Preußen sie in einen Balkankonflikt mit den Slawen verwickelte, mit dem sie rein gar nichts zu tun hatten.

DUNKELHEIT ZIEHT HERAUF

Bismarcks Kurswechsel 1879 war so drastisch, dass Historiker von der *zweiten Gründung des Reichs* sprechen. Er nahm damit einer großen Gruppe in Deutschland jeden Halt: Menschen, die sich selbst in erster Linie als *protestantische* Deutsche bezeichneten. Sie lebten vor allem im Norden und Osten, hatten jedoch auch anderswo lokale Machtzentren – sei es in Ländern, deren Herrscher Luther unterstützt, sei es in Städten, die sich später zu preußischen Verwaltungszentren entwickelt hatten. Der vom Staat betriebene Kulturkampf hatte sie radikalisiert – doch 1879 mussten sie mit ansehen, wie sie von Bismarck wegen der Deals mit Katholiken und Konservativen fallen gelassen wurden. Diese verbitterten Anhänger des Fortschritts machten nun das Protestantisch-und-deutsch-Sein zur neuen Ersatzreligion eines von allem Fremden befreiten *Deutschtums*. Antikatholizismus war ihre zweite Natur, doch der wahrhaft verhängnisvolle Zug dieser Bewegung war eine völlig neue Spielart des Antisemitismus.

Ihr wichtigster Vertreter war Heinrich von Treitschke, der offizielle preußische Staatshistoriker und Hohepriester der Nationalliberalen. Er genoss hohes Ansehen, und sein »trommelartiges Gekreische«, so die Wortwahl eines amerikanischen Beobachters, begeisterte regelmäßig den Reichstag. Treitschkes Artikel *Unsere Aussichten* von 1879, besser bekannt in seiner kürzeren Version *Ein Wort über unser Judentum* von 1880, ist das Gründungsdokument des modernen politischen Antisemitismus. Von nun an bedeutete Judenhass weitaus mehr als einfach nur Hass gegen Juden. Dahinter verbarg sich eine vollständige Ideologie, was sie von jeder anderen Form des Rassismus unterschied.

Für Treitschke waren die Juden »unser Unglück«. Sie seien auf eine untergründige, mysteriöse Weise mit den Engländern verbunden, die seit Langem Treitschkes Zorn auf sich zogen. Wie die Engländer seien sie entartet und feige, hätten die Mentalität von Krämern statt von Helden, und doch – im Widerspruch zu jedem wahren Fortschritt! – regierten sie die Welt. Die Schöpfung einer skrupel- und kulturlosen, globalen, finanzgetriebenen Moderne (»Manchesterismus«) sei der vermeintlich anglojüdische Masterplan. Gesündere, jedoch schlichtere Nationen wie die Deutschen seien Wachs in ihren Händen. Noch jeder Antisemit seit Treitschke hat diese Verschwörungstheorie übernommen: Kaiser Wilhelm II. sprach von »Juda-England«, wie heutige Antisemiten von »Jew York« sprechen.

Treitschke fügte für seine Leser noch eine besondere preußische Note hinzu: »Aus der unerschöpflichen polnischen Wiege«, behauptete er, komme jedes Jahr »eine Schar strebsamer hosenverkaufender Jünglinge herein, deren Kinder und Kindeskinder dereinst Deutschlands Börsen und Zeitungen beherrschen sollen«. Er verknüpfte also die Furcht vor einer angeblich jüdisch-angelsächsischen Moderne mit der uralten kolonialen preußischen Angst vor Polen. Die Juden zeichnete er zugleich als internationalistische, finanzstarke, einheimische Engländer wie auch als arme, sich rapide fortpflanzende polnische Einwanderer.

Für radikale Protestanten waren die Juden fortan im Verbund mit der katholischen Kirche Fremdkörper innerhalb des preußischen Deutschtums. Sie skandierten: »Ohne Juda, ohne Rom, wird gebaut Germanias Dom!«

Doch auch für die alte Junkeraristokratie war in dieser neuen germanischen Kathedrale kein Platz mehr. Der fanatische junge Bibliothekar Otto Böckel nahm der konservativen Junkerpartei 1887 mit diesem eingängigen Slogan einen Reichstagssitz ab: »Juden, Junker und Pfaffen gehören in einen Topf.« Seine Verbündeten gaben ein berüchtigtes Handbuch, den *Semi-Gotha*, heraus, das die Adeligen auflistete, die angeblich zum Teil jüdischen Blutes waren.

Dieser neue Antisemitismus war eine gesellschaftspolitisch radikale Bewegung und behauptete, dass wahres Deutschtum einer neuen Aristokratie der Rasse statt der Familie bedürfe. Führer von Organisationen wie der Antisemitischen Volkspartei, der Deutschsozialen Antisemitischen Partei, des Alldeutschen Verbands und der Deutschen Reformpartei maßten sich oft erfundene Adelstitel an, und schon 1908 ließ einer dieser falschen Aristokraten, Jörg Lanz »von Liebenfels«, die Hakenkreuzfahne von seiner Burg wehen. Der *Nationalprotestantismus* (wie ihn Historiker oft nennen) ging des Öfteren in pures germanisches Heidentum über.

Die nationalprotestantische Vision, 1902

Der Glaube der germanischen Stämme ist das Christentum der Reformation. Das protestantische Christentum ist der Glaube, der deutsches Wesen mit seiner Kraft und seinem Trutz nicht erdrückt, sondern entfaltet … Der Protestantismus ist der Fels, auf dem sich die Kultur der deutschen Stämme, der germanischen Rasse aufbaut. Der Protestantismus ist das Fundament ihrer politischen Macht, ihrer sittlichen Tüchtigkeit, ihrer unerschrockenen, sieghaften Wissenschaft, ihres kraftvollen künstlerischen Schaffens.

C. Werckshagen, Der Protestantismus am Ende des XIX. Jahrhunderts in Wort und Bild, *Berlin 1902*

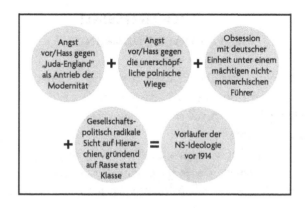

Im Jahr 1893 gewannen Kandidaten, die den Antisemitismus zu ihrem Kernprogramm erklärt hatten (die Hälfte von ihnen bezeichnete sich auf den Stimmzetteln ausdrücklich als Antisemiten), sechzehn Sitze im Reichstag. Sie alle stammten aus ländlich-protestantischen Regionen Preußens, Sachsens und Hessens. Was folgte, ist eine Lehrstunde für jedes Land mit einer lärmenden radikalen Minderheit.

Diese sechzehn Sitze als solche hatten kein besonderes Gewicht. Doch die Deutschkonservative Partei, der politische Arm des preußischen Junkertums, geriet bei jedem Angriff auf ihre Machtbasis in Panik und erklärte es deshalb im *Tivoli-Programm* von 1892 zur offiziellen konservativen Politik, »den vielfach sich vordrängenden und zersetzenden jüdischen Einfluss auf unser Volksleben« zu bekämpfen. Offener Antisemitismus war nun auch in den höchsten Kreisen salonfähig.

BISMARCK ENTFESSELT
ANGLOPHOBE STIMMUNGEN

Zu dem Zeitpunkt, als diese Bewegung geboren wurde, hoffte Bismarck noch, dass ein britischer Jude das preußische Reich vor einem Krieg gegen Russland bewahren würde.

Er war überzeugt, dass Großbritannien mit Benjamin Disraeli endlich wieder einen echten Leader hatte – also jemanden, der sich von Russland nichts gefallen lassen würde. Bismarck hatte eine Vision: eine weltumspannende deutsch-britische Allianz. Und die britischen Konservativen erkannten, worauf er hinauswollte.

Wien, 18. Oktober

Lord Salisburys Rede am Freitag in Manchester ist mit großer Befriedigung aufgenommen worden, als Garantie für die uneingeschränkte Verständigung zwischen England, Österreich und Deutschland.

Die Times *vom 19. Oktober 1879 (der spätere Premierminister Lord Salisbury war damals Außenminister).*

Dieser Heiratsantrag entsprang geopolitischer Logik: Russland bedrohte Großbritannien in Indien, es bedrohte Österreich auf dem Balkan, es bedrohte Preußen an der Ostsee. Gemeinsam hätten die drei Mächte Russland überall auf dem Globus entgegentreten können.

Doch bei den Wahlen im April 1880 überraschten die

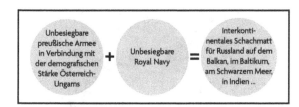

Briten alle – einschließlich Queen Victoria –, als sie Disraeli abwählten und die Macht dem liberalen William Gladstone übertrugen, der Bismarck genauso wenig ausstehen konnte wie dieser ihn.

Bismarcks Pläne waren ruiniert. Noch am selben Tag, an dem die britischen Wahlergebnisse bekannt wurden, schickte er seine Gesandten eilends zur Schadensbegrenzung nach St. Petersburg. Von heute auf morgen änderte er seine Politik und setzte fortan auf einen anglophoben Kolonialismus. Dies würde zumindest einige der Nationalliberalen besänftigen, die schon lange Kolonien forderten. Bismarck hatte sie stets abgewiesen aus Angst vor überseeischen Verwicklungen, die sein europäisches Schachspiel durcheinanderbringen könnten.

Doch nun stimmte er zu. Reibereien mit England spielten ihm jetzt voll in die Karten. Sie würden in Wahlkampfzeiten einem jeden in Deutschland das Leben schwer machen, der auch nur die leisesten probritischen Töne von sich gab – wie etwa der Kronprinz und die neue, geeinte liberale Opposition. Als Bismarck dem Zaren seine neue Taktik erklärte, zeigte dieser sich von so viel politischer List tief beeindruckt. Die deutsche Kolonialbewegung war geboren, und Bismarck achtete sorgfältig darauf, dass die ersten Kolonien in Afrika und der Südsee

Kurz vor den Reichstagswahlen von 1884 wird Bismarck nicht als preußischer Soldat porträtiert, sondern als kaiserlicher Matrose, der sich in die Angelegenheiten John Bulls, der Personifikation Großbritanniens, einmischen will.

in solchen Regionen lagen, welche die Briten als die ihren betrachteten.

Doch für Bismarcks Sinneswandel gab es noch einen anderen Grund: Er hoffte, Frankreich und Russland ließen sich davon überzeugen, ihre Rachepläne wegen Elsass-Lothringens und des Balkans fallen zu lassen und sich einem neuen geopolitischen Vorstoß auf Kosten Großbritanniens anzuschließen.

Tatsächlich triumphierte Bismarck in den Reichstagswahlen von 1884. Die Annäherung zwischen Frankreich und Russland konnte er allerdings nicht verhindern: 1885/86 besann sich Frankreich auf Revanche gegen Deutschland, während sich Russland wieder verstärkt auf dem Balkan engagierte und somit Österreich bedrohte. Darüber hinaus wurde schnell klar, wie hoch der Preis war, den Bismarck für seine anglophobe Kampagne zu zahlen hatte. Großbritannien und Amerika hätten 1887 beinahe Krieg wegen Venezuela geführt. Nun stellten sich im Südpazifik die Kapitäne der Royal Navy und

Der von Bismarck erhoffte Ausweg: Deutschland tut sich mit Frankreich und Russland zusammen, um den britischen Löwen zu ärgern (der die Züge Gladstones trägt).

der US-Marine plötzlich gemeinsam gegen die deutsche Expansionspolitik, ohne dass sie von London oder Washington dazu angehalten werden mussten. Auf Samoa kam es 1889 beinahe zu einem Schusswechsel. Das enge Verhältnis zwischen den USA und England, das so wichtig für die Weltgeschichte in der ersten Hälfte des 20. Jahrhunderts wurde, nahm hier seinen Anfang.

Es gab zwar keinen natürlichen Zusammenhang zwischen den Ambitionen des zaristischen Russlands auf dem Balkan und den Rachewünschen des republikanischen Frankreichs. Doch da sich Bismarck im Zweibund von 1879 unwiderruflich an Österreich-Ungarn gebunden hatte, ergab sich nun ein sehr offensichtliches gemeinsames Interesse.

Am Neujahrstag des Jahres 1887 war die Konstellation, die in den Ersten Weltkrieg führen sollte, bereits sichtbar. Alfred Graf von Waldersee, Moltkes designierter Nachfolger als Kopf der preußischen Armee, schrieb in sein Tagebuch, dass ein Krieg mit Frankreich nun »unvermeidlich« sei und dass sich hieraus ein »Weltkrieg« entwickeln könne. Er begann, auf einen Präventivkrieg gegen Russland hinzuarbeiten, der einen Zweifrontenkrieg sehr wahrscheinlich gemacht hätte.

Bismarck versuchte zur selben Zeit, genau dies zu vermeiden. Er wusste, dass die preußischen Siege von 1864 (Dänemark), 1866 (Österreich) und 1870 (Frankreich) auf seinem diplomatischen Geschick beruht hatten. Um die preußische Herrschaft über Deutschland nicht zu gefährden, durfte er aber den Zweibund mit Österreich von 1879 nicht aufkündigen. Deshalb versuchte er 1887, diesen durch den geheimen *Rückversicherungsvertrag* mit Russland auszuhebeln. Darin versprach er, Deutschland werde sich im Falle eines österreichischen Angriffs auf Russland neutral verhalten. Er wusste aber nur zu gut, dass dies nie passieren würde: Der Vertrag war nichts anderes als der Versuch, im Falle eines Kriegs Verwirrung zu stiften und »uns Russland sechs bis acht Wochen vom Hals zu halten« – wie es Bismarcks Sohn, damals Außenminister, formulierte –, bis Frankreich bezwungen sei.

Doch der preußische Generalstab begann, seiner eigenen Propaganda zu glauben. Kriege würden, so dachte man, durch das offensichtliche militärische Genie Preußens und seine Willenskraft gewonnen. Auch zahlreiche jüngere preußische Diplomaten nahmen diesen Mythos für bare Münze und setzten sich für ein Kräf-

temessen mit Russland ein. Die nachfolgende Passage
stammt nicht von irgendeinem einflusslosen, großmäuli-
gen Aufschneider, sondern vom künftigen Reichskanzler,
der aus der Botschaft in St. Petersburg an die sogenannte
graue Eminenz im Berliner Außenministerium schrieb,
während sich gerade ein Krieg abzuzeichnen schien:

Preußische Führungsfiguren planen ein neues Osteuropa, Dezember 1887

Wir müssen eventuell dem Russen so viel Blut
abzapfen, daß derselbe sich nicht erleichtert fühlt,
sondern 25 Jahre außerstande ist, auf den Beinen zu
stehen. Wir müssten die wirtschaftlichen Hilfsquellen
Russlands für lange Zeit hinaus durch Verwüstung
seiner Schwarzerd-Gouvernements, Bombardierung
seiner Küstenstädte, möglichste Zerstörung seiner Industrie und seines Handels zuschütten. Wir müssten
endlich Russland von jenen beiden Meeren, der Ostsee und dem Pontus Euxinus [dem Schwarzen Meer]
abdrängen, auf denen seine Weltstellung beruht. Ich
kann mir Russland wirklich und dauernd geschwächt
doch nur vorstellen nach Abtrennung derjenigen
Gebietsteile, welche westlich der Linie Onega – Bai –
Waldaihöhe – Dnjepr liegen. Ein solcher Friede
möchte – sofern es hier nicht im Fall eines Krieges
zu völligem inneren Zusammenbruch käme, der in
diesem Umfange kaum vorauszusetzen ist – nur zu
erzwingen sein, wenn wir an der Wolga stünden …
wir [sollten] dann den Augenblick des Krieges benut-

zen …, um aus unseren polnischen Landesteilen die Polen en masse zu exmittieren. [Er fährt fort, einen neuen, östlicheren Pufferstaat Polen/Ukraine zu beschreiben, der willkürlich nach deutschen Interessen gestaltet werden soll, indem dort durch das Ausbalancieren von katholischen und orthodoxen Einwohnern das Prinzip »teile und herrsche« zum Tragen komme.]

Bernhard von Bülow an Friedrich von Holstein,
10. Dezember 1887

Nur das tränenreiche Beharren des alten Wilhelm I. auf seiner brüderlich-monarchischen Verbindung mit dem Zaren bewahrte Europa vor einem unmittelbar bevorstehenden gewaltigen Krieg. Wilhelm starb Anfang 1888 und wurde von Friedrich III. beerbt, einst die große Hoffnung der Liberalen, nun jedoch bereits todkrank. Am Ende des *Dreikaiserjahrs* war auch er tot, und der kriegerische, militärverliebte Kaiser Wilhelm II. bestieg den Thron.

Bismarck war allmächtig, solange er das Vertrauen des Kaisers genoss, der ihn als Einziger entlassen konnte. Doch er hatte mit allen Parteien im Reichstag seine Machtspiele gespielt und sich keiner gegenüber loyal verhalten. Sollte er einmal die kaiserliche Gunst verlieren, konnte er also von dieser Seite keine Unterstützung erwarten. Seine Trumpfkarte war es immer gewesen, dem Kaiser mit Rücktritt zu drohen. Doch im Jahr 1890 wollte der heißblütige junge Wilhelm II. wie ein echter Herrscher selbst regieren, ließ Bismarcks Bluff platzen und gab ihm den Laufpass. Von nun an gab es in ganz

Deutschland keinen Zivilisten mehr, der es hätte wagen können, sich über die Pläne des preußischen Generalstabs zu informieren, geschweige denn diese infrage zu stellen.

DEUTSCHLAND NACH BISMARCK: TROTZ BOOM GESPALTEN

Bismarck war abgetreten, doch er hinterließ ein Deutschland, das für den wirtschaflichen Aufschwung bereit war.

Seine Zollschranken hielten der heimischen Industrie die ausländische Konkurrenz vom Leib. Das massiv mit öffentlichen Geldern bezuschusste Eisenbahnprogramm zum Beispiel – bis 1913 waren die Preußischen Staatseisenbahnen der größte Arbeitgeber der Welt – berücksichtigte ausschließlich deutsche Firmen. Die enge Verknüpfung von Politik und Privatunternehmen gab deutschen Firmen ein ausgeprägtes Sicherheitsgefühl und förderte die Entfaltung nachhaltiger Strategien, was, wie ausländische Beobachter bemerkten, dem angloamerikanischen Geschäftsmodell sehr unähnlich war.

Zum Beispiel machte es ein rheinisches Hüttenwerk zur Regel, unabhängig vom Gewinn keine Dividende oberhalb von 5 Prozent zu zahlen. Der Rest geht in einen Reservefonds und den Kauf neuer und verbesserter Anlagen und Maschinen.

Aus Made in Germany *(1896) von Ernest Edwin Williams*

Noch dazu erhöhten solche Investitionen die Produktivität von Arbeitskräften, die zwar sehr gut ausgebildet, aber gleichzeitig sehr arm waren. Die Alphabetisierungsrate war in Deutschland weit höher als in Großbritannien oder Frankreich, und die Arbeiterklasse war jetzt durch eine preußische, militärisch-patriarchalische Kultur unterjocht, deren Parole »Einer muss Herr im Hause sein« (Wilhelm II.) für die Krupp-Werke ebenso galt wie für Armee und Staat. Folgende Beobachtung liest sich, als solle sie das wirtschaftliche Erfolgsmodell im heutigen China erklären:

Es ist gut möglich, dass kein Arbeiter der zivilisierten Welt mit seinem deutschen Kollegen tauschen wollte. Tatsächlich arbeitet kaum jemand länger für weniger Geld, isst schlechteres und billigeres Essen, wohnt in engeren Verhältnissen. Dabei überlässt niemand seiner Regierung mehr Zeit und Energie, die ihn zum Dank mit endlosen Vorschriften einengt und sein Recht auf freie Rede beschneidet … Ein Werftarbeiter erhält am Ende eines Elfstundentags etwa 90 Cent Lohn. In Amerika darf derselbe Arbeiter für acht Stunden einen Tageslohn von 2,50 bis 3,00 Dollar erwarten.

R.S. Baker, Seen in Germany, *New York 1902*

Eine Wirtschaft, die auf Niedriglöhne, geringen Binnenkonsum, staatliche Disziplinierung, Subventionen und

Schutzzölle setzt, benötigt eine fette und reiche Konsumwirtschaft ohne Zollschranken, die ihr all die Exporte abkauft. In den Neunzigerjahren des 18. Jahrhunderts hieß dieser Abnehmer Großbritannien. Allerdings sind Konflikte in derart einseitigen Handelsbeziehungen vorprogrammiert, heute etwa im Verhältnis zwischen den USA und China. Für die Briten klang die Marke *Made in Germany* bereits damals nach einer wirtschaftlichen Bedrohung. Das wog im gerade anbrechenden Zeitalter der Massenwählerschaft umso schwerer, als die politische Grundausrichtung ganzer Nationen immer deutlicher von der öffentlichen Gefühlslage abhing.

Das zweite Problem einer Niedriglohnpolitik samt exportabhängiger Wirtschaft ist, dass sich die eigene Arbeiterklasse mangels Hoffnung auf Teilhabe am erwirtschafteten Wohlstand radikalisiert. So wurde Deutschland in den Neunzigerjahren zur Bastion des Sozialismus. Das *Erfurter Programm* der SPD von 1891 zielte darauf ab, die Arbeiterschaft im *naturnotwendigen* marxistischen Kampf zu vereinen. Die Partei feierte daraufhin große Wahlerfolge. Revolutionäre auf der ganzen Welt sahen in Deutschland das Land, von dem das kommunistische Millennium bald schon seinen Ausgang nehmen würde.

Wer die eigene Arbeiterklasse zufriedenstellen will, tut immer und überall gut daran, die Grundnahrungsmittel günstig zu halten. Für die boomende, exportorientierte Industrienation Deutschland wäre es also keine abwegige Strategie gewesen, billiges Getreide aus den großen amerikanischen Ebenen oder der russischen Schwarzerdregion zu importieren. Und da die Industriellen in Deutschland durchaus vernünftig dachten, wollten sie genau dies. Doch sie bekamen es nicht. Denn egal, wie reich sie mittlerweile auch sein mochten, die Entscheidungen trafen immer noch andere: Dank ihrer unumstößlichen Vorherrschaft im preußischen Parlament, im höheren öffentlichen Dienst und in der Armee waren das die preußischen Junker aus Ostelbien.

Die ostelbischen Junker haben nach wie vor alles im Griff

Wenn ein Kanzler – ja, selbst ein Kaiser – die Sonderrechte des Agrarsektors beschneiden wollte, dann riskierte er einen lautstarken und gut koordinierten Widerstand ... Das Klassenwahlrecht [ließ] die Spaltung zwischen Ost und West stärker hervortreten, vertiefte die emotionale Kluft zwischen dem politisch progressiven, industriellen, wirtschaftlich aktiven, urbanen und meist katholischen Westen und der »asiatischen Steppe« Ostelbiens.

Christopher Clark, Preußen. Aufstieg und Niedergang

Die Junker spielten ihren politischen Einfluss aus und weigerten sich offen, die Einfuhr billiger Nahrungsmittel zu gestatten, die ihren Gütern geschadet hätten. Damit kommen wir zu einer schicksalshaften Dualität im Herzen des Deutschen Reichs.

DER UNMÖGLICHE DOPPELSTAAT

Gegen Ende des 19. Jahrhunderts war noch in der Schwebe, ob die englische oder die deutsche Kultur die Welt des 20. Jahrhunderts bestimmen würde. Deutschland beeindruckte mit modernsten Technologien: Selbst Großbritanniens Royal Navy war nun in Krupps patentierte Panzerplatten gehüllt. Vom Rhein bis an den Dnjepr, von der Ostsee bis ans Schwarze Meer war Deutsch die gängige Handels-, Forschungs- und Wissenschaftssprache. Doch irgendwie gelang es Bismarcks Erben, all dies zu verspielen.

Die deutsche Diplomatie erscheint von 1897 an dermaßen irrational, dass bedeutende Historiker für Jahre über den Originaldokumenten grübelten, nur um am Ende die Hände über dem Kopf zusammenzuschlagen und sich in Psychologie zu flüchten.

Dass das Reich, mit der außen- und sicherheitspolitischen Doppelgegnerschaft Frankreichs und Russlands mehr als schwer belastet, sich mit der Flottenrüstung einen neuen wenigstens potentiellen Gegner suchte und schuf, England, ist vom rationalen Kalkül einer Außenpolitik her nicht mehr begreiflich. Zuletzt lag insoweit die Flottenpolitik jenseits vernünftig realistischer Erwägungen.

Thomas Nipperdey, Deutsche Geschichte 1866–1918

Der preußische Mythos auf einer Briefmarke um 1900

Dabei gibt es eine gänzlich rationale Erklärung. Wir müssen uns nur von dem preußischen Mythos befreien, wonach Deutschland nach 1871 *vereint* gewesen sei, denn das war es keinesfalls. Tatsächlich glichen die Finanzströme im Deutschen Reich einer gigantischen Maschinerie, die den Reichtum aus dem liberalen, katholischen Südwestdeutschland der ostelbischen Junkerelite zuschanzte. Die von westdeutschen Industriellen gezahlten Steuern und die von westdeutschen Industriearbeitern gekauften überteuerten Brote bezuschussten die Agrarbetriebe und Offiziersstellen der ostelbischen Junker, die für ihre Finanziers ihrerseits nur Verachtung übrighatten.

Von 1898 an begannen diese beiden Deutschlands, die sich seit jeher historisch, sozial und religiös unterschieden hatten, sogar ihre jeweils eigene Außenpolitik zu betreiben.

	DEUTSCHLAND	OSTELBIEN
WIRT-SCHAFT	Extrem selbstbewusst, florierend, exportorientiert. Technologie-Weltmarktführer der Zweiten Industriellen Revolution: 1913 sind weltweit 50 Prozent der elektromagnetischen Geräte *Made in Germany.*	Unsicher. Junker fordern lautstark Protektion gegen Getreideimporte. *Ostflucht:* Deutschsprachige verlassen ihre Heimat zugunsten eines besseren Lebens im Westen.
POLITIK (Reichstagswahlen von 1890 bis 1912)	Katholische Zentrumspartei konstant stärkste Partei	Konservative Partei konstant stärkste Partei
GRÖSSTE ANGST	Angelsachsen: neidische Engländer, die mit den USA stillschweigend eine Allianz gegen Deutschland eingehen. Die angelsächsische Seemacht könnte über Nacht die gesamte deutsche Flotte, alle Exportgeschäfte und Kolonien zerstören.	Slawen: Polonisierung nach vermehrtem Wegzug der deutschsprachigen Bevölkerung. Der östliche Nachbar Russland wird demografisch und wirtschaftlich immer stärker.
MILITÄRISCHE LOGIK	Eine Flotte bauen, die so stark ist, dass Großbritannien Deutschland als zweite Weltmacht neben sich akzeptieren muss.	Einsatz aller verfügbaren militärischen Kräfte, um Russland zu zerstören, bevor es zu spät ist.

	DEUTSCHLAND	OSTELBIEN
DOMINANTE GESELL-SCHAFTLI-CHE GRUPPE	Wohlhabende Bürger, die es leid sind, vor den preußischen Junkern klein beizugeben	Ländliche Junker auf Spitzenpositionen in Verwaltung und Armee
ZUKUNFTS-AUSSICHTEN	Imperial, industriell, kolonial, glänzend, am Rande der Manie. Mit einer guten und modernen Adminis-tration anstelle der junkerlichen Kungelei steht dem deutschen Jahrhundert nichts mehr im Wege!	Unheilvoll. Die Erklärung eines großen ostpreußischen Junkers, warum er auf seinem Gut keine Alleen pflanze: »Wozu? In hundert Jahren gehört das alles den Russen.«
RELIGION	Katholiken und Protestanten leben zufrieden nebeneinan-der, wenngleich gemischt-konfessionelle Ehen selten sind.	Deutsche Bevölkerung (schrumpfend) fast ausschließlich protestantisch, polnische Minderheit (wachsend) aus-schließlich katholisch.

Der Mann am Ruder Wilhelm II. – Sohn einer englischen Mutter und eines deutschen Vaters – verkörperte
diese Zerrissenheit in Perfektion. Als König von Preußen
liebte er seine Armee und fürchtete die Slawen so sehr,
dass er mehr und mehr dazu neigte, die Weltlage unter
dem Blickwinkel aufkommender *Rassenkämpfe*[4] in Osteuropa zu beurteilen. Doch als Deutscher Kaiser war er

---

4 In einem Brief an den deutschen Großreeder Albert Ballin vom
   5. Dezember 1912.

maßgeblich an der Förderung einer neuen riesigen Flotte unter seiner unmittelbaren Führung beteiligt, von der jedermann wusste, dass sie nur gegen England gerichtet sein konnte.

Als 1897 Admiral Tirpitz' Presseabteilung mit persönlicher Unterstützung des Kaisers und ausgerüstet mit der neuesten Medientechnik (sie zeigten einige der weltweit ersten Filme) durch Deutschland tourte, verliebten sich Millionen Deutsche in die Idee einer starken Flotte. Der Grund dafür war einfach: Eine Kaiserliche Marine wäre das genaue Gegenteil der Preußischen Armee.

	abhängig von	verteidigt	geführt von	Zuständigkeit	gerichtet gegen
MARINE	neuen Industrien	Handel und Kolonien	modernen Technokraten	Reich	Großbritannien
ARMEE	ländlichen Rekruten	Landesgrenzen	traditionalistischen Junkern	Preußen	Russland

Daraus erklärt sich, warum die Kaiserliche Marine auf so frappierende Weise einigend wirkte. Liberale, Katholiken, Nationalliberale, Alldeutsche und schließlich sogar die Sozialisten konnten sich im Reichstag durch die Unterstützung des Flottenprogramms als deutsche Patrioten hervortun und gleichzeitig gegen den Junkerstaat stimmen. Zudem konnten sie einen Teil ihrer Steuern an der preußischen Armee vorbei in westdeutsche Stahlwerke, Labore und Werften lenken.

Die neue Flottenbewegung wurde also zum Vehikel aller radikalen, modernen Bewegungen von rechts und links, die sich gegen die Junker in Stellung bringen wollten.

Seeinteressen und agrarische Bestrebungen werden dadurch erneut in Gegensatz zueinander gebracht ... Der Gegensatz zwischen Industrie und Agrariertum [wird] immer schärfer werden ... Schließlich [wird] dem Drucke der Verhältnisse entsprechend die industrielle Richtung siegen.

August von Heeringen, 1900

Das hört sich vielleicht wie die Analyse eines marxistischen Professors an, der gerade die Junker und den Agrarsektor auf dem Müllhaufen der Geschichte entsorgt, doch der Fregattenkapitän und spätere Admiral von Heeringen war tatsächlich Leiter des Nachrichtenbüros im Reichsmarineamt.

Am 26. März 1898 wurde im Reichstag das erste große Flottengesetz verabschiedet – an diesem Tag besiegelte das preußisch-deutsche Reich seinen Untergang. Es bereitete sich gleichzeitig auf zwei grundverschiedene, einander widersprechende Kriege vor. Die Marine stimmte »Wir fahren gegen England« an (wie es in Hermann Löns' Lied von 1911 hieß); die Armee hingegen dachte nur an einen raschen Sieg über Frankreich, dem ein Sturm auf Russland folgen sollte. Im

April 1904 begruben Großbritannien und Frankreich ihre Differenzen in der *Entente cordiale* und beendeten ihre kolonialen Streitigkeiten in Afrika und Südostasien. Schon bald sprachen auch ihre Generäle wieder miteinander. Dennoch wurde der *Schlieffen-Plan,* jener unfassbar detaillierte Plan des preußischen Generalstabs zur schnellen Eroberung Frankreichs und das Vorspiel des großen Feldzugs gegen Russland, nicht um einen Tag an die neuen Verhältnisse angepasst.

Allerdings schien es noch immer undenkbar, dass Russland und Großbritannien, die seit dem Krimkonflikt einen kalten Krieg geführt hatten, sich jemals militärisch verbünden würden. Eine rationale deutsche Diplomatie hätte immer noch die eine gegen die andere Seite ausspielen können. Doch da Preußen Russland ins Visier nahm und Deutschland England zum Feind erkoren hatte, während niemand dieses doppelköpfige Reich lenken konnte, kam die unmögliche Allianz zwischen London und Moskau im Jahr 1908 doch zustande.

Die augenscheinliche militärisch-diplomatische Irrationalität, die schließlich den Ersten Weltkrieg herbeiführen sollte, war nicht die Folge der deutschen Vereinigung, sondern jener Nicht-Vereinigung unter Preußen, in deren Folge Bismarck 1879 ganz Deutschland auf Gedeih und Verderb an das schwankende Habsburgerreich gekettet hatte.

Deutschland meint, es müsse die Angelsachsen besiegen. Preußen meint, es müsse Russland besiegen.

WELTMACHT ODER UNTERGANG

Seit dem Jahr 1908, ein Jahrzehnt nach Bismarcks Tod, sah sich das preußisch-junkerliche Regime nicht nur einer nach logischen Gesichtspunkten unbezwingbaren Koalition von Briten, Franzosen und Russen gegenüber, sondern stand auch im Innern unter Belagerung.

Von links eilten die Sozialdemokraten von Wahlerfolg zu Wahlerfolg und erwarteten das *sozialistische Millennium,* das, und darin waren sich alle einschließlich Lenin einig, bald von Deutschland seinen Ausgang nehmen würde.

Selbst die moderaten Liberalen wollten nicht länger die Junker subventionieren. Diese stolzierten in ihren Uniformen umher und waren jederzeit bereit, einen respektablen Bürger zum Duell zu fordern, nur weil ihnen sein Blick nicht gefiel. Wurden sie von jemandem angerempelt, den sie als nicht satisfaktionsfähig einstuften, kam es vor, dass sie diesen einfach niederstreckten. Stets blieben sie ungeschoren, weil sie sich als Offiziere der preußischen Armee nur vor ihresgleichen gerichtlich verantworten mussten. Einer der größten Liberalen, der Jurist und Politiker Hugo Preuß, dessen Kampfruf »Bürgertum wider Junkertum« lautete, erklärte, die »Verwestlichung Preußens« benötige eine »endgültige Lösung der Junkerfrage«.

Im rechten Lager waren die Nationalliberalen – Bismarcks alte Anhänger und die Partei der protestantischen Mittelklasse – mittlerweile ebenfalls gegen die Junker, doch aus anderen Gründen. Sie wollten einen modernen und effizienten Staat, der jedoch mit west-

Rosa Luxemburg, eine der führenden Figuren des deutschen
Sozialismus, 1910. Kulturgeschichtliche Anmerkung: Als Radikale
hat sie den Schleier kühn gelüftet, den sie als ehrbare Dame
natürlich weiterhin an ihrem Hut befestigt.

lichen Modellen wenig gemein hatte. Er sollte von einem
nicht-königlichen Staatsmann geführt werden, der wusste, was das Volk wollte: Ihr Guru Max Weber sprach von
einer »plebiszitären Führerdemokratie«. Überall wurden
Denkmäler eines sorgenvoll dreinschauenden Eisernen
Kanzlers errichtet. Das Größte unter ihnen, das bis heute finster über Hamburg blickt, scheint bereits aus einer
neuen, offenbar dunkleren Zeit zu stammen.

Der radikale Modernisierer und Publizist Maximilian
Harden lancierte 1908 einen Bericht, wonach Kaiser
Wilhelms innerster Junkerzirkel schwul sei und den
neunundvierzigjährigen Souverän im Geheimen »das
Liebchen« nenne. Harden sah sich, so behauptete er,
zu diesem Schritt gezwungen, weil dieser Clique wenig
mannhafter preußischer Aristokraten nicht zuzutrauen
sei, deutsche Interessen gegen moderne Politiker wie
Edward VII. von England – in Deutschland auch als
»Eduard der Einkreiser« bekannt – zu verteidigen.

Wilhelms persönliches Regiment geriet ins Schwan-

1906: Ein riesenhafter, 33 Meter hoher modernistischer Bismarck
blickt auf Hamburg herab.

ken. Am rechten Flügel von modernisierenden bis-
marckschen Nationalisten überboten, dazu öffentlich
beschuldigt, sich mit Homosexuellen zu umgeben, und
voller Furcht vor einer roten Revolution, wurde er –
gleichsam als Kompensation – noch preußischer und
militaristischer.

Alles war zum Zerreißen gespannt. Die deutsche Lite-
ratur dieser Zeit ist von einer einzigartigen Anspannung
und Nervosität erfüllt, sie pulsiert vor wildem Verlangen
nach Freiheit und der Ahnung einer bevorstehenden Katastrophe.

Bedeutsames vom englischen Besuch

„Was hast du denn da in deiner Tasche, lieber Onkel?"
„Europa, lieber Neffe!" –

Das preußische Feudalregime des Kaisers kann es nicht mit
Edwards VII. geschmeidiger, ziviler Modernität aufnehmen.

Der Seismograph der Kunst 1908–1914

In den bildenden Künsten kämpften *Die Brücke* in
Dresden und *Der Blaue Reiter* in München gegen
das preußisch-akademische Establishment in Berlin,
von dem sich einige offen lossagten – daher der
Name »Sezessionisten«. Der Kaiser bezeichnete ihre
Arbeiten als »Gossenkunst«. Theaterautoren loteten
die Grenzen der strengen Zensur aus. Komponisten
wie Gustav Mahler und Richard Strauss versuchten,
den mächtigen Einfluss von Richard Wagners un-

heilschwangeren germanischen Opern zu übertreffen und zu überwinden, indem sie Tondichtungen von megalomaner Länge und Lautstärke schrieben, denen sie Titel wie *Auferstehung* oder *Tod und Verklärung* gaben. Die größten Schriftsteller der Zeit – Thomas und Heinrich Mann, Robert Musil, Franz Kafka, Rainer Maria Rilke, Stefan George – waren beinahe alle von den ekstatischen Schriften Friedrich Nietzsches beeinflusst, der die »Umwertung aller Werte« und die Ankunft des »Übermenschen« prophezeite. Ihre Helden werden oft von einer »Raserei des Untergangs«, so die Formulierung Thomas Manns in *Der Tod in Venedig* (1912), ins Verderben gerissen.

Auch die preußischen Junker spürten dies. Nur durch Krieg konnten sie ihre Vormachtstellung retten. Für sie hieß es *Weltmacht oder Niedergang* – so eine Kapitelüberschrift des mehrfach aufgelegten Buches *Deutschland und der nächste Krieg* des preußischen Kavalleriegenerals Friedrich von Bernhardi. Auf dem berüchtigten *Kriegsrat* vom 8. Dezember 1912 plädierte General von Moltke dafür, so schnell wie möglich zuzuschlagen – doch er wusste, dass er Preußens Krieg gegen Russland der deutschen Bevölkerung erst einmal schmackhaft machen musste.

Der Kriegsrat vom 8. Dezember 1912

General von Moltke: »Ich halte einen Krieg für unvermeidbar – je eher, je besser. Wir sollten aber durch die Presse besser die Volkstümlichkeit eines Krieges gegen Russland im Sinne der Kaiserlichen Ausführungen vorbereiten.« Seine Majestät stimmte dem zu und bat Staatssekretär von Tirpitz, mit seinen Pressemitteln nach dieser Richtung hin zu wirken.

Wer nun glaubt, die Deutschen seien ein kriegerisches Volk, sollte bedenken, dass Preußen-Deutschland im Vorfeld des Ersten Weltkriegs die einzige Kontinentalmacht war, deren Elite ernsthaft fürchtete, dass, wenn sie ihren Krieg hätte, das Volk sich weigern könnte, ihn für sie zu führen.

Das letzte Mal, dass Moltke nachweislich sein Mantra »je eher, je besser« wiederholte, war am 1. Juni 1914. Am 28. Juni kam die Nachricht aus Sarajewo: Erzherzog Franz Ferdinand, Erbe des Habsburger Throns, war von serbischen Nationalisten ermordet worden. Am 5. Juli gewährte Kaiser Wilhelm II. dem österreichisch-ungarischen Generalstab den *Blankoscheck,* auf den dieser seit 1879 gewartet hatte: volle militärische Unterstützung Preußens für jede von diesem gewählte Maßnahme zur Lösung seines Slawenproblems.

Die Österreicher dachten, die Russen würden klein beigeben, wie es schon 1908 und 1912 geschehen war. Doch das taten sie nicht. Es folgte, was folgen musste.

Der Kaiser versuchte, die Entwicklung in letzter Minute aufzuhalten, doch ein hysterischer Moltke erklärte ihm, dass jede Änderung des sakrosankten Zugfahrplans des preußischen Generalstabs fatale Auswirkungen haben würde. Und so kam es wie von Bismarck vorhergesagt – wobei dieser selbst die Voraussetzungen dafür geschaffen hatte: »Irgendeine verdammte dumme Sache auf dem Balkan« zwischen Slawen und ostwärts gewandten Deutschen löste den Ersten Weltkrieg aus.

NATIONENDÄMMERUNG

In technischer Hinsicht hätte Deutschland den Krieg gewinnen müssen. Seine Industrie hatte in entscheidenden Bereichen einen essenziellen Vorsprung gegenüber den Alliierten. Bis zum Einsatz britischer Panzer Ende 1916 waren es immer die Truppen des Kaisers, die als Erste von neuen Kriegstechnologien profitierten: Giftgas, Flammenwerfer, schwere Artillerie, Langstreckenbomber (die Zeppeline), äußerst effektive U-Boote, Maschinengewehre, die durch Flugzeugpropeller feuerten. Während die alliierten Streitkräfte versuchten, ihre technische Unterlegenheit wettzumachen, stürzten üble Führungsfehler sie in den Jahren 1914 und 1915 in ein blutiges Desaster nach dem anderen.

Im Herbst 1915 sah es tatsächlich so aus, als stünden Preußen-Deutschland und Österreich-Ungarn kurz vor dem Sieg. So sah es auch ein legendär scharfsichtiger Beobachter kultureller Tendenzen: Im November 1915 investierte Franz Kafka aus freien Stücken eine beträcht-

Propaganda und Geld aus der
Kolonie Ober Ost

liche Summe in die Habsburgische Kriegsanleihe. Ein Grund war sicher die Unterwerfung umfangreicher russischer Gebiete, die dem Oberbefehlshaber Ost seine eigene Kolonie (»Land Ober Ost«) bescherte. Sie hatte ihre eigene Währung, ein eigenes Pressebüro und lag außerhalb jeder zivilen Kontrolle.

Das Endziel der preußischen Ostpolitik hatte sich in den achtundzwanzig Jahren seit Bülows Brief an Holstein vom Dezember 1887 nicht geändert: einen ehemals polnischen – und nun russischen – Landstrich direkt an Preußen anschließen, in anderen russischen Gebieten ein neues Polen gründen und dorthin alle preußischen Polen deportieren. Das Gebiet von der Ostsee bis zum Schwarzen Meer sollte unter direkter oder faktischer deutscher Herrschaft stehen. Oder besser gesagt, unter preußischer Herrschaft. Ein Tagebucheintrag eines engen Mitarbeiters des Kanzlers offenbart, wie sehr sich die kaiserliche Elite im Ersten Weltkrieg als preußisch definierte, nicht als deutsch:

[Denken wir uns] das Deutsche Reich [als] eine AG mit preußischer Aktienmajorität, jede Hinzunahme neuer Aktionäre würde diese Mehrheit, auf der, als auf der preußischen Hegemonie[,] das Reich steht, zerstören. Daher um das Deutsche Reich herum ein Staatenbund, in dem das Reich ebenso die Majorität hat wie Preußen im Reich – daher denn Preußen auch in diesem Staatenbund die tatsächliche Leitung hat.

Kurt Riezler, 18. April 1915

Ende 1916 kam über Stockholm die geheime, aber gut belegte Nachricht, eine bedeutende Clique um den Zaren, zu der sogar Rasputin gehörte, sei vielleicht für einen Sonderfrieden mit Deutschland zu gewinnen. Die vormals verachtete britische Armee hatte die deutsche in der großen Schlacht an der Somme gerade erst empfindlich getroffen und war nun Feind Nummer eins. Das Angebot eines schnellen Friedens mit Russland war deshalb eine atemberaubende Gelegenheit. Kanzler Theobald von Bethmann Hollweg und der Kaiser fanden das vernünftig und wollten es versuchen. Es gab nur eine Sache, die Russland nie akzeptieren würde: Ober Osts Plan eines von Deutschland abhängigen polnischen Vasallenstaats.

Die wahren Herrscher Deutschlands seit August 1916: Hindenburg (l.) und Ludendorff (r.)

Mittlerweile waren Feldmarschall Paul von Hindenburg und General Erich Ludendorff die wahren Herrscher über Deutschland. Seit sie 1914 die russische Invasion Ostpreußens abgewehrt hatten, wurden sie als Helden verehrt. Ein Reporter aus den noch neutralen USA, der große Henry Louis Mencken, dokumentierte ihren ikonischen Status bei Zivilisten und Militärs: »Hindenburg bleibt der nationale Held und *beau idéal,* ja fast der Messias der Nation ... seine Porträts werden zehnmal so oft verkauft wie die Wilhelms ... Ludendorffs hängt in jedem Offizierscasino; er ist der Gott aller jungen Leutnants.« Beide Männer stammten aus Posen/Poznań, eine der Regionen in Preußen mit dem höchsten polnischen Bevölkerungsanteil. Für sie ging es in diesem Krieg vor allem darum, die polnische Frage zu lösen. Sie verfolgten ihre Pläne unbeirrt weiter, brachen jeden Kontakt mit Russland ab und errichteten am 5. November den als Regentschaftskönigreich Polen bekannten Marionettenstaat unter deutscher Herrschaft. Russland war außer sich und verkündete am 14. Dezember 1916 seine Entschlossenheit, den Krieg fortzusetzen, »da Deutschland die illusorische Unabhängigkeit Polens ausgerufen« habe. Mit seiner Weigerung, die lange gehegten preußischen Pläne zur Neuordnung Osteuropas aufzugeben oder wenigstens zu verschieben, hatte das Oberkommando eine echte Siegeschance verspielt.

Das Gleiche wiederholte sich im Jahr darauf. Im Westen hatten sich die deutschen Aussichten verdunkelt. Dort hatten eigene schlechte Entscheidungen den Deutschen einen neuen starken Gegner geschaffen. Der anhaltende Beschuss von Handelsschiffen auf dem Atlantik durch deutsche U-Boote empörte die amerikanische Öffentlichkeit, die Unbeholfenheit des Staatssekretärs im Auswärtigen Amt tat ihr Übriges. Er hatte Mexiko in einer wahren Posse ein gegen Amerika gerichtetes Bündnis angeboten. Der britische Geheimdienst fing die Nachricht ab und ließ sie sorgfältig nach Washington weiterleiten. Die USA wurden in einen Krieg gezogen, den viele ihrer Bürger und Politiker nur allzu gerne umgangen hätten.

Im Osten hingegen sah es gut für Deutschland aus. Ludendorff erlaubte Lenin, in einem versiegelten Zug durch Deutschland nach Russland zu reisen. Er hoffte, Russland würde sich in eine Revolution verstricken. Der Plan ging auf: Im Oktober 1917 ergriffen Lenins Bolschewiki die Macht, und Russlands neue Führer baten um Frieden, um ihre Herrschaft zu sichern. Konfrontiert mit einem mächtigen neuen Feind im Westen und einem kollabierenden Gegner im Osten, wäre jede vernünftige deutsche Führung eine Abmachung mit Russland eingegangen und hätte damit mehr als fünfzig Divisionen für die Westfront frei gemacht.

Deutsche Expansion im Osten, 1918

Ludendorff jedoch reichte es nicht, Russland geschlagen zu haben. Am 13. Februar 1918 verkündete er einen neuen, schwindelerregenden Plan: Er wollte das neue Regime der Bolschewiki stürzen und das Zarenreich der Romanow als reinen Klientelstaat Preußens wiederherstellen. Obwohl bereits Massen amerikanischer Soldaten an der Westfront eintrafen, wurden die fünfzig Divisionen wieder ostwärts geschickt, um einen tausendjährigen Traum zu erfüllen: den Traum vom endgültigen Sieg im alten deutsch-slawischen Konflikt jenseits der Elbe.

Ludendorffs Wahnvorstellung wurde nie verwirklicht, doch musste sich das Bolschewikenregime den Frieden tatsächlich durch die eilige Abtretung riesiger Gebiete im Westen des Landes erkaufen.

Auf der Landkarte sah es wie ein gigantischer Triumph aus, und so wurde es auch dem deutschen Volk verkündet. Doch es hatte nichts zu bedeuten. Eine Million Mann befanden sich weiterhin im Osten, wo sie riesige, doch strategisch nicht entscheidende Gebiete kontrollierten, während der britischen Armee am 8. August 1918 in Frankreich der entscheidende Durchbruch gelang.

Hindenburg über die Schlacht von Amiens am 8. August 1918

Im dichtesten Nebel war ein starker englischer Tankangriff erfolgt ... Die Panzerwagen, schneller wie bisher, überfielen Divisionsstäbe in ihrer Unterkunft, zerrissen die Fernsprechverbindungen, die von dort zu den kämpfenden Truppen führten ... Wirre Gerüchte beginnen sich in unsern Kampflinien zu verbreiten. Es wird behauptet, dass englische Kavalleriemassen schon weit im Rücken der vordersten deutschen Infanterie sich befinden ... Die Fantasie zaubert Wahngebilde hervor und sieht in ihnen wirkliche Gefahren ... Über die politischen Wirkungen unserer Niederlage am 8. August gab ich mich keinen Täuschungen hin.

Wiederholte preußische Unterschätzung der „angelsächsischen" Kampfbereitschaft/-kraft im Westen **+** Preußische Obsession mit epochaler Umstrukturierung der deutsch-slawischen Machtverhältnisse im Osten **=** Deutschland verliert den Krieg.

Es war preußisches Denken, das zur Niederlage im Ersten Weltkrieg führte. Voller Geringschätzung für die angelsächsisch-demokratische Kriegsführung und besessen vom Umbau Nordosteuropas, verurteilte es Deutschland zur Niederlage im Westen.

DAS ENDE PREUSSEN-DEUTSCHLANDS

Die politischen Wirkungen, die Hindenburg fürchtete, waren in der Tat tief greifend. Mittlerweile hatten die britische Blockade, Missernten und ein Mangel an Erntehelfern viele Deutsche an den Rand des Hungertodes gebracht.

Einem Bericht des Berliner Lehrervereins mit dem Titel *Hunger* zufolge war das moralische Bewusstsein in vielen Fällen durch einen animalischen Überlebenskampf abgetötet. »Empfindungen von körperlichem Schmerz, Hunger und Durst, physischer Erschöpfung und Schwäche beherrschten alle Sinne nahezu vollständig und beeinflussten oft Streben und Tun.« Als die Nahrungsmittel immer knapper wur-

den, begannen deutsche Zivilsten, ihrem Nahrungs-
trieb zu folgen. In vielen Fällen dominierte dieses
Bedürfnis ihr ganzes Leben. Demselben Bericht zufolge wurden Moral, kulturelle Normen und Gesetze
häufig offen missachtet, während Millionen versuchten, an das heranzukommen, was ihre Familien zum
Überleben benötigten. Das brachte sonst gesetzes-
treue Bürger dazu, sich in ihrer endlosen Suche nach
Essen auf Gesetzesverstöße wie Diebstahl, Betrug
oder Überfälle einzulassen.

David A. Janicki, »The British Blockade During
World War I: The Weapon of Deprivation«, in:
Enquiries *2016, Bd. 6*

Was die Menschen noch standhalten ließ, war die Hoffnung auf den Sieg. Und im August 1918 dachten die
meisten Deutschen tatsächlich, dass dieser Krieg noch
zu gewinnen sei. Noch im September 1918 konnte die
Reichsregierung einen Großteil ihrer Ausgaben durch den
Verkauf von angeblich sicheren, hoch verzinsten Kriegsanleihen an das eigene vertrauensselige Volk finanzieren.
Mag sein, dass die Deutschen die ostelbischen Junker
nicht liebten, doch da die strenge Zensur sie nur von
angeblichen Siegen wissen ließ, glaubten sie immer noch,
ihre Kriegsherren seien in der Schlacht unbezwingbar.[5]

---

5 Es fällt schwer, sich heute vor Augen zu führen, wie einfach es
   für Regierungen war, die Medien, welche nur Zeitungen und
   Wochenschauen umfassten, zu kontrollieren.

Meuternde Matrosen in Kiel, November 1918

Als die Wahrheit offenbar wurde – dass die Moral der Truppe genauso am Boden war wie die Nerven Ludendorffs –, traf das die Deutschen wie ein Donnerschlag. Am 29. September eröffnete Ludendorff dem Kaiser, dass eine neue Regierung gebildet werden müsse, da »die militärische Katastrophe nicht länger aufgeschoben« werden könne.

Am 3. Oktober bestätigte Hindenburg dies vor fassungslosen Reichstagsabgeordneten. Jetzt gaben die Generäle, die Deutschland in den letzten beiden Jahren regiert hatten, die Macht ganz bewusst und gerade noch rechtzeitig an Zivilisten ab, damit diese, mit Ludendorffs Worten, »die Suppe auslöffelten«.

In dem Augenblick, als der Mythos von der unbesiegbaren preußischen Armee starb, kam es in Deutschland zur Rebellion. Gewalttätige Aufstände und Meutereien erschütterten das Land. Am berühmtesten wurden der 3. und 4. November, als sich Matrosen in Kiel weigerten, für eine letzte selbstmörderische Schlacht gegen die Royal Navy in See zu stechen.

Am 10. November floh der Kaiser in die Niederlande. Sein letzter Kanzler, Prinz Max von Baden, übergab die Schlüssel, ohne irgendwelche rechtlichen Formalitäten einzuhalten, an Friedrich Ebert, den Vorsitzenden der Sozialdemokraten, die mehrheitlich den Krieg unterstützt hatten. Noch am selben Tag rief Philipp Scheidemann von einem Balkon des Reichstags die Republik aus – ein Akt, der nur Stunden später auf einem Lastwagen vor dem Berliner Stadtschloss Nachahmung fand: Karl Liebknecht, Führer der von der Oktoberrevolution inspirierten Spartakisten, verkündete die *Freie Sozialistische Republik Deutschland*.

In diesem Chaos stand nur eines fest: Nach nicht einmal fünfzig Jahren war das preußische Reich von 1871 Geschichte.

DIE CHANCENLOSE REPUBLIK

Der neue Kanzler Ebert beauftragte Hugo Preuß mit der Ausarbeitung einer neuen Verfassung. Preuß war es, der zwei Jahrzehnte zuvor die *endgültige Lösung der Junkerfrage* gefordert hatte. Sein Entwurf sollte der Nationalversammlung vorgelegt werden. Er orientierte sich gezielt an westlichen Verfassungstraditionen. Das Parlament – also der Reichstag – und der Präsident sollten einander kontrollieren und nach amerikanischem Vorbild in getrennten Wahlen vom ganzen Land – von Männern wie Frauen – gewählt werden. Preuß hatte auch vor, Preußen innerhalb dieses neuen Deutschlands aufzuteilen. Im Januar 1919 wurde eine Nationalversammlung gewählt, die den Verfassungsentwurf annehmen sollte. Da Straßenkämpfe Berlin erschütterten, tagte sie zweihundertachtzig Kilometer entfernt im Nationaltheater der Goethe-Stadt Weimar, die der Republik auch ihren Namen lieh.

Preuß bemühte sich fieberhaft, seinen Verfassungsentwurf durchzupeitschen, bevor dem besiegten Deutschland der Frieden einfach diktiert würde. Er wusste, dass das neue System zum Scheitern verurteilt wäre, wenn der Eindruck entstünde, es wäre Deutschland von den Alliierten oktroyiert worden. Die notwendige Eile hielt ihn davon ab, Preußen zu parzellieren. Doch sein Einsatz war umsonst: Am 28. Juni 1919, noch bevor die Beratungen beendet waren, wurde Deutschland zur Unterzeichnung des *Vertrags von Versailles* gezwungen.

Der Versailler Vertrag

In seiner Essenz sah dieses umfangreiche und komplexe Vertragswerk vor, dass Deutschland (i) die Schuld für den Kriegsbeginn auf sich nehmen, (ii) enorme Reparationszahlungen an die Alliierten leisten, (iii) alle Kolonien außerhalb Europas aufgeben, (iv) mehrere Regionen an verschiedene europäische Nachbarn abtreten und (v) seine Streitkräfte so verkleinern musste, dass sie nie wieder eine Bedrohung für irgendjemanden darstellen konnten.

Deutschland nach dem Versailler Vertrag 1919

Als Ebert Preuß' Verfassung am 15. August 1919 endlich unterzeichnen konnte, war es für Monarchisten und Militaristen ein Kinderspiel, zu behaupten – und sie taten es auch sogleich –, die demokratische Weimarer Republik sei nichts weiter als eine weitere Facette des Versailler Vertragswerks: eine den Deutschen fremde Form der Handhabung ihrer Angelegenheiten, welche die Westmächte ihnen mit vorgehaltener Waffe aufgezwungen hätten. Die Tatsache, dass Preuß Jude war, machte ihn und seine Arbeit zu einem noch leichteren Ziel.

Preuß war – wie die Liberalen von 1848 – fest entschlossen, Preußen innerhalb Deutschlands zu verwestlichen. Doch einige Westdeutsche dachten, Preußen sei ein hoffnungsloser Fall, und wollten sich von ihm vollständig lossagen. Konrad Adenauer, Mitglied der katholischen Zentrumspartei und Kölner Oberbürgermeister,

forderte öffentlich ein Ende dessen, was er als preußische
Besatzung ansah.

Preußen beherrschte Deutschland, beherrschte auch
die in Westdeutschland vorhandenen, nach ihrer
ganzen Gesinnungsart an sich den Entente-Völkern
sympathisierenden Stämme. Würde Preußen geteilt
werden, die westlichen Teile Deutschlands zu einem
Bundesstaat, der *Westdeutschen Republik,* zusammen-
geschlossen, so würde dadurch die Beherrschung
Deutschlands durch ein vom Geiste des Ostens,
vom Militarismus beherrschtes Preußen unmöglich
gemacht.

Konrad Adenauer, 1. Februar 1919

Adenauer nahm im Oktober 1923 einen weiteren Anlauf,
als er auf höchster Ebene französische Unterstützung für
eine von ihm so genannte Westdeutsche Republik erbat.
Wie die Fürsten, die Napoleon 1804 eingeladen hatten,
den Rhein zu überqueren, um die Barbaren zu vertreiben,
zweifelte auch er nie daran, dass sein Deutschland mehr
mit Frankreich als mit Preußen gemeinsam hatte.

PREUSSEN AM BODEN

Preußen war immer schon anders gewesen. Jetzt wurde es rabiat. Es hatte einen Landstrich von der Größe Belgiens an die verachteten Polen verloren. Und es hatte seine psychologischen Anker eingebüßt.

In diesem Grenzland war das Leben seit 1525 nach unveränderlichen Prinzipien gestaltet worden. Der Herrscher Preußens war absolut, die unanfechtbaren Junker waren seine Unterführer und gleichsam Fürsten auf ihren Gutshöfen. Der Landesherr war zugleich das Kirchenoberhaupt, der geistige und weltliche Beschützer des Volkes gegen die katholischen Polen um es herum. All das gehörte nun der Vergangenheit an. Wer würde nun über sie wachen und sie führen? Präsident Ebert, der Chef der gottlosen Sozialisten, unterstützt von südwestdeutschen Papisten, die bereits große Teile Preußens an Polen überschrieben hatten?

Das Ende der Junker schien gekommen. Das Königreich Preußen, das ihnen über Generationen die besten Stellungen in Staat und Armee garantiert hatte, war verschwunden. Verschwunden war auch das Dreiklassenwahlrecht, das es ihnen erlaubt hatte, das preußische Parlament zu dominieren. Von nun an sollten ihre Stimmen nicht mehr zählen als die ihrer Bauern. Ihre Titel hatten offiziell keine Bedeutung mehr, und ihre Posten waren verloren. Einige von ihnen waren bereit, mit jenen antisemitischen Aufrührern gemeinsame Sache zu machen, die sie vor dem Krieg noch als lärmenden Abschaum geschmäht hatten. Wieder andere setzten den Krieg einfach fort.

Wahlplakat der DNVP, 1920

Der Krieg war in Ostelbien noch nicht vorbei. Hier tickten die Uhren wie immer anders. Die Kämpfe hielten nach dem Waffenstillstand und mancherorts bis nach der Unterzeichnung des Versailler Vertrags an. Freikorps kämpften gegen Polen um Posen und Schlesien. Sie versuchten sogar, Teile des Baltikums zu erobern. Als einer ihrer Führer, Hans von Manteuffel, während des Sturms auf Riga im Mai 1919 fiel, knüpften die Bestattungsriten bewusst an die Traditionen des Deutschen Ordens an – und die neu gegründete Deutschnationale Volkspartei (DNVP) hielt es genauso.

Gegründet wurde die DNVP 1919 als Dachorganisation für ehemalige Mitglieder der von den Junkern geführten Konservativen Partei, der vom Militär unter-

Parteitag der DNVP im Dezember 1924

stützten Vaterlandspartei, aber auch der Alldeutschen, der Antisemiten und anderer. Juden war die Mitgliedschaft verboten. Sie war monarchistisch, in Ostelbien verwurzelt und überwiegend protestantisch.

Politiker, die sie als ihre Feinde ausmachte, wurden öffentlich als Verräter und von jüdischen und/oder katholischen Interessen geleitet angeprangert. Zwei von ihnen – Matthias Erzberger und Walther Rathenau – wurden ermordet. 1924 war die DNVP die zweitstärkste Kraft im Reichstag. Doch dass sie knapp ein Fünftel aller Wählerstimmen in Deutschland gewann, verdankte sie vor allem den Wählern im ostelbischen Preußen.

Solange die 1871 geschaffene Version Deutschlands Bestand hatte, beeinflusste die monokulturelle Andersartigkeit Ostelbiens das ganze Land. Kein Wunder, dass Adenauer, nachdem es ihm nicht gelungen war, Westdeutschland abzuspalten, angeblich bei jeder Elbüberquerung die Vorhänge seines Zugabteils zuzog und »schon wieder Asien« murmelte.

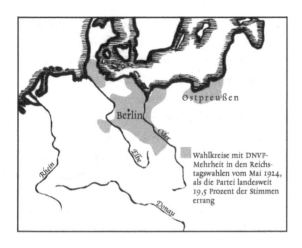

Wahlkreise mit DNVP-Mehrheit in den Reichstagswahlen vom Mai 1924, als die Partei landesweit 19,5 Prozent der Stimmen errang

PREUSSEN UND RUSSLAND:
DIE GEHEIME BRUDERSCHAFT

Der Versailler Vertrag begrenzte die Truppenstärke der deutschen Armee in Friedenszeiten auf einhunderttausend Mann, doch wurden diese – und das war entscheidend – nach wie vor von denselben Heeresorganisatoren rekrutiert.

Die Hauptverantwortung trug General Hans von Seeckt. Dieser Junker par excellence – sein Vater war als Kommandierender General lange im nunmehr verlorenen Posen stationiert – stellte sicher, dass die wenigen Tausend Offiziersstellen von den richtigen Leuten besetzt wurden. Interessierte wussten zum Beispiel, dass das harmlos klingende Infanterieregiment 9 sich als Erben der exklusiven preußischen Garde ansah.

Eine unbeabsichtigte Folge des Versailler Vertrags war

also, dass die deutsche Armee nach 1919 einen höheren Anteil preußischer Junker in ihren Reihen hatte als vor 1914. Der Reichswehr gehörte eine Fülle hochdekorierter Jungoffiziere mit alten militärischen Namen an, die keinerlei Aussicht auf Beförderung hatten, solange die Armee nicht erheblich wuchs. Sie hatten mit ansehen müssen, wie ihr geliebtes Preußen zur Republik gemacht und zugunsten ihrer früheren Untertanen, der Polen, amputiert wurde. Der Rauch des Ersten Weltkriegs hatte sich kaum gelegt, als ihr Anführer von Seeckt auch schon wieder auf den Tag hinarbeitete, da all dies zurechtgerückt würde.

Sein Weg bestand in einer Wiederbelebung der alten Achse Preußen-Russland. Es mag kaum vorstellbar erscheinen, dass die monarchistischen Junkeroffiziere sich mit den russischen Bolschewiki auf irgendetwas hätten einigen können. Doch tatsächlich verbarg sich hinter den vermeintlichen ideologischen Unterschieden eine tiefe Geistesverwandtschaft: der verächtliche Hass auf den demokratischen Westen und seine angebliche Dekadenz, eine Neigung zu nackter Gewalt, die kultische Verehrung der militarisierten Staatsmacht – und am wichtigsten: die tiefe Verachtung für das wiedergeborene Polen.

Schon im April 1920 wies ein Diplomat Lenins in Berlin auf die Möglichkeit hin, dass sich Reichswehr und Rote Armee für einen gemeinsamen Krieg gegen Polen zusammentun könnten. Von Seeckt war begeistert. Ob nun als Sowjetrepublik oder Monarchie, für ihn war Russland immer noch Russland, und er glaubte, Russland und Preußen könnten, wie schon nach 1772, ihre Differenzen mittels einer antipolnischen Allianz begraben.

Polens Existenz ist unerträglich, unvereinbar mit den Lebensbedingungen Deutschlands. Es muss verschwinden und wird verschwinden durch eigene, innere Schwäche, und durch Russland – mit unserer Hilfe. Polen ist für Russland noch unerträglicher als für uns; kein Russland findet sich mit Polen ab ... Dieses Ziel zu erreichen, muss einer der festesten Richtungspunkte der deutschen Politik sein, weil er ein erreichbarer ist. Erreichbar nur durch Russland oder mit seiner Hilfe.

Hans von Seeckt in einem Memorandum, 1922

Auch Lenin erkannte, dass die radikalisierten Junker nach dem Ersten Weltkrieg einen neuen Typus repräsentierten. Er nannte sie »eine seltsame Sorte reaktionärer Revolutionäre« und kam gerne mit ihnen ins Geschäft. In Rapallo einigten sich Weimar-Deutschland und Sowjetrussland 1922 öffentlich in der Frage der Reparationszahlungen. Doch was damals kaum jemand wusste: Die Reichswehr und die Rote Armee hatten zeitgleich ein Abkommen geschlossen, das Seeckts Männern die Nutzung mehrerer Truppenübungsplätze tief im Innern Russlands und weit weg von neugierigen westlichen Augen erlaubte. Auf diesen geheimen Anlagen konnten sich beide Armeen mit dem Gebrauch modernster Waffen, allen voran von Panzern, vertraut machen, die Deutschland laut Versailler Vertrag verboten waren.

Wie die Rechtsradikalen verschwor sich auch die

Verbündete gegen den Westen: ein früher, in Deutschland gebauter Panzer 1931 während eines sowjetisch-deutschen Tests auf dem geheimen Kama-Übungsplatz bei Kazan, 300 Kilometer östlich von Moskau. Viele deutsche Offiziere waren von der Disziplin und Moral der Roten Armee ebenso beeindruckt wie von ihrer zentralen Stellung im neuen Sowjetstaat. »Wie Blomberg und andere Offiziere, welche die Rote Armee aus eigener Anschauung kannten, war Hammerstein von ihrem Vorbild beeinflusst, vor allem durch ihre engen Beziehungen zur breiten Bevölkerung.«
(F. L. Carsten, *Reichswehr and Politics 1918–1933*)

äußerste Linke mit Moskau gegen die westwärts gewandte Republik. In einer Atmosphäre grassierenden Hungers, der allgegenwärtigen Arbeitslosigkeit und der entlassenen Soldaten auf den Straßen versuchten die deutschen Kommunisten, es Lenin gleichzutun und einen Staatsstreich zu lancieren.

Da die neue Regierung keine eigenen verlässlichen Streitkräfte hatte, musste sie die Freikorps, die noch immer von denselben preußischen Offizieren angeführt wurden, um Unterstützung ersuchen. Zunächst schlugen sie die linken Aufstände nieder, doch dann versuchten sie selbst im sogenannten Kapp-Putsch vom März 1920

»Hakenkreuz am Stahlhelm/Schwarz-weiß-rotes Band/Die Brigade Ehrhardt/Werden wir genannt … Die Brigade Ehrhardt/Schlägt alles kurz und klein/Wehe Dir, wehe Dir/Du Arbeiterschwein.« Das Lied wurde, wie auch viele Mitglieder der Brigade, später von den Nationalsozialisten übernommen: Sie änderten lediglich die Wörter »Brigade Erhardt« in »Sturmabteilung Hitler«.

die Macht zu übernehmen (neuere Forschungen belegen, dass der obskure Exbeamte Wolfgang Kapp lediglich eine Marionette Ludendorffs war). Zu den Einheiten, die damals beteiligt waren, zählte auch die Brigade Erhardt, die bereits das Hakenkreuz auf dem Helm trug.

Der Kapp-Putsch wurde durch einen Generalstreik und die Weigerung der Ministerialverwaltung, auf seine Forderungen einzugehen, niedergeschlagen. Doch dieser friedlich-demokratische Widerstand wurde von den Kommunisten ihrerseits in einen linksradikalen Aufstand, diesmal in den Industriezentren an der Ruhr, verwandelt. Die Regierung unterdrückte ihn, wofür sie erneut Freikorps einsetzte.

Die moderaten Kräfte der sogenannten Weimarer Koalition – im Wesentlichen die Sozialdemokraten und die katholische Zentrumspartei – waren also von Anfang an zwischen extremer Linker und Rechter eingezwängt.

linksradikal	links	Mitte	rechts	rechtsradikal

Kommunisten Sozialdemokraten Zentrumspartei DNVP National-sozialisten

Beide Seiten wollten die neue Demokratie mit roher Gewalt zu Fall bringen.

Die Republik benötigte unbedingt einen soliden, zentralen und friedfertigen bürgerlichen Block. Doch wurde ausgerechnet diese Gruppe von einem neuen Trauma heimgesucht.

DER TOD DES GELDES

Von 1921 bis 1923 löschte eine Hyperinflation von bisher ungekanntem Ausmaß die Ersparnisse unzähliger Menschen einfach aus. Hauptursache waren die Anleihen, über die das kaiserliche Deutschland den Krieg finanziert hatte. Die Regierung hatte von ihren Bürgern Geld zu unrealistisch großzügigen Zinsen geliehen. Sie plante, dieses Geld zurückzuzahlen, sobald die Bevölkerung eroberter Staaten würde ausgeplündert werden können. Dies war längst unmöglich geworden.

Die neue Weimarer Republik übernahm Staatsschulden in einer Höhe, die im Verhältnis ungefähr jenen Griechenlands im Jahr 2013 (ca. 175 Prozent des Bruttoinlandsprodukts) entsprachen. Doch damals gab es weit und breit niemanden, der ihr aus der Patsche half. Die Alliierten wollten ein neues Deutschland, aber sie wollten auch, dass dieses neue Deutschland für den Krieg des alten geradestand. Zusätzlich zum geerbten Schuldenberg musste die Republik enorme Reparationszahlungen an die Siegermächte leisten, die in harter Währung zu entrichten waren.

Deutschland war politisch zu schwach, um massive Steuererhöhungen durchzusetzen oder auf patriotische Durchhalteparolen zu bauen. Deshalb begann die Regierung, hemmungslos Papiermark zu drucken, um sowohl die Schulden beim eigenen Volk zurückzuzahlen, als auch Devisen zu kaufen. Je mehr sie druckte, desto tiefer sank die Kaufkraft der Mark, desto mehr musste sie drucken, desto tiefer sank die Mark …

Eine katastrophale Inflation erfasste den Devisenmarkt, dann auch die deutschen Straßen. Im Jahr 1914 war ein Dollar 4,20 Mark wert, im Januar 1921 kostete er bereits 191,80 Mark. Als Frankreich im Januar 1923 das lebenswichtige Ruhrgebiet besetzte, um Reparationszahlungen in Form von Kohle zu erzwingen, war die Mark endgültig am Boden. Die Regierung in Berlin rief zu passivem Widerstand auf, indem sie Streiks zu einem patriotischen Akt erklärte und versprach, die Löhne der Streikenden zu übernehmen. Doch das bedeutete, noch mehr Papiergeld zu drucken, während gleichzeitig die Industrieproduktion und damit die Steuereinnahmen abstürzten. Im November 1923 kostete ein einziger US-Dollar 4,2 Billionen Mark.

Die Lage entspannte sich 1924, nachdem eine neue, durch Grund und Boden gedeckte Währung eingeführt worden war: die *Rentenmark*. Doch zu diesem Zeitpunkt hatten bereits Millionen von eisern sparenden, der Re-

gierung vertrauenden Mittelklassedeutschen ihr gesamtes Geld – inklusive der angeblich todsicheren, vom Staat gedeckten Kriegsanleihen – verloren. Dies traf ein zentrales Segment der Zivilgesellschaft am härtesten. War man Bauer, Hausbesitzer oder Industrieller, blieb der grundlegende Wert des Eigentums letztlich unberührt. Auch für Tagelöhner ohne Ersparnisse änderte sich nicht viel. Gehörte man jedoch zur riesigen Gruppe ehemals wohlhabender Deutscher, die zwar keine physischen Werte besaßen, aber immer gespart und dem Staat vertraut hatten – Beamte, Ärzte, Lehrer, Angestellte, Ladenbesitzer, Universitätsdozenten und so weiter –, konnte man leicht das Gefühl bekommen, die neue Republik habe einen im Stich gelassen.

In München entdeckte um dieselbe Zeit der ehemalige Gefreite Adolf Hitler – der ursprünglich von der Armee beauftragt worden war, linksradikale Kameraden zur Konterrevolution hinüberzuziehen – sein Talent, die Gefühle jener in Worte zu fassen, die glaubten, die neue Ordnung habe sie verraten.

DER AUFSTIEG DER NATIONALSOZIALISTEN

München bleibt für immer untrennbar mit den Nationalsozialisten verbunden, obwohl Hitler dort in den letzten halbwegs freien Wahlen unter 25 Prozent blieb. Für kurze Zeit entwickelte sich die bayerische Hauptstadt aufgrund einer einmaligen Verknüpfung von Umständen zu einer sicheren Zufluchtsstätte für die extreme Rechte.

Fünf Monate lang versetzte 1918/19 eine nach Sowjetmanier organisierte Republik die Münchner Mittelschicht in Angst und Schrecken. Ursprünglich friedlich, wurde sie durch die kommunistischen *Arbeiter- und Soldatenräte* radikalisiert. Die *Räterepublik* bat Lenin direkt um Hilfe und ging zuletzt dazu über, der Spionage Verdächtigte ohne Gerichtsverhandlung hinzurichten, bis sie durch rechtsgerichtete Freikorps ihrerseits brutal niedergeschlagen wurde. In dieser verrohten Stadt wandelte sich der alte Hass gegen Preußen in eine tiefe Abneigung gegen die linke Hauptstadt, die nun als das »Rote Berlin« geschmäht wurde. Zwischen 1920 und 1924 waren die Münchner Behörden, von denen einige nach voller Unabhängigkeit strebten, fest entschlossen, das Rote Berlin auf jede erdenkliche Weise zu behindern – selbst dann, wenn das hieß, politische Mörder, die an die Isar geflohen waren, nicht auszuliefern.

In dieser Atmosphäre betrat Hitler die politische Bühne. Die junge NSDAP – die andere als Hitler gegründet hatten – war nur eine von Dutzenden rechtsextremer Gruppierungen, die um 1920 in München gediehen oder Schutz fanden. Ihre gesamte Politik, Sprache und sogar Flagge war eine simple Neuauflage alldeutscher/

Eine Barrikade in der Münchner Innenstadt 1918/19

nationalprotestantischer Randphänomene aus der Zeit vor 1914. Als Hitler faktisch schon ihr Führer war, tat die Partei sich vor allem dadurch hervor, dass sie den Straßenkampf und den sich modern gebenden politischen Aktionismus der neuen, von Lenin inspirierten Linken gezielt kopierte.

Hitler und Lenin: Die dunkle Moderne

Genau wie von Seeckts radikalisierte Junkerarmee viele Gemeinsamkeiten mit der Roten Armee aufwies, standen Hitlers Ideen denen Lenins sehr viel näher als jeder traditionellen Spielart des europäischen Konservatismus. Sowohl Lenin als auch Hitler waren von pervertierten Varianten der großen liberalen Ideologie des 19. Jahrhunderts (wie wir sie auch bei Hegel, Marx und Darwin gesehen haben) fasziniert: von der Idee eines zu vollkommener Harmonie führenden Fortschritts durch Kampf. Diese Vorstellung steht konservativem Gedankengut von Grund auf entgegen. Sowohl im Leninismus als auch im Nationalsozialismus wurde diese ideologische DNA aus der Zeit vor 1914 durch das industrialisierte Gemetzel des Ersten Weltkriegs deformiert und gehärtet. Hitler und Lenin hatten für das Schicksal von Individuen ebenso wenig übrig wie die Generäle im Ersten Weltkrieg. Sie definierten Fortschritt nur in Begriffen der Masse, seien es die *Arbeiter* oder die *deutsche Rasse,* und sie waren nur zu gern bereit, alles und jeden – buchstäblich – zum Tode zu verurteilen, den sie für einen Hemmschuh dieses Fortschritts hielten. Nicht zufällig waren beide vom *Fordismus* fasziniert – von jenem Kult um die mechanisierte Moderne und um dessen Schöpfer Henry Ford,[6] den Hightech-Guru der Fließbandära.

Doch gleichzeitig gelang es Hitler, die Menschen davon zu überzeugen, dass er nur eines wirklich wolle: die gute alte Zeit wiederherstellen. Die vielleicht beste Methode, die Lüge im Kern des Nationalsozialismus aufzuzeigen, bietet die Architektur. Unten ist das berühmte Bauhaus-Gebäude von 1925 abgebildet. Es singt das Hohelied der

6 Ford war selbst fanatischer Antisemit. Sein Porträt hing in Hitlers Büro.

Moderne und wurde von radikalen, linksgerichteten Architekten gebaut, die behaupteten, dieses unpersönliche, industrielle und fabrikähnliche Bauen würde das Leben der Menschen verbessern.

Das nächste Bild zeigt das NS-Reichsluftfahrtministerium, das ein Jahrzehnt später entstand. Es fanden dieselben industrieartigen Linien und modernen Materialien – Stahl und Beton – Anwendung wie beim Bauhaus, doch versehen mit einem rein dekorativen Überzug aus Naturstein einschließlich klassizistischer Details.

Indem er eine radikale Modernität mit einer dünnen Schicht Konservatismus übertünchte, konnte Hitler für jeden alles sein. Er behauptete, er wolle lediglich Deutschlands vergangenen Ruhm wiederauferstehen lassen, doch seine Leute handelten wie Kommunisten, indem sie sich eine *Bewegung* nannten, Gift und Galle gegen »Reaktionäre« spuckten, Flugblätter von fahrenden Lastwagen warfen und Straßenkämpfe anzettelten.

Die Nationalsozialisten erregten bald die Aufmerksamkeit des Hauptmanns Ernst Röhm, ein vom Krieg gezeichneter Stabsoffizier, der in München den Spitznamen Maschinengewehr-König erhielt, weil er den Zugang zu den geheimen Waffenlagern der bayerischen Armee kontrollierte. Er war von dieser kleinen neuen Partei so angetan, dass er bald in sie eintrat und Chef ihres paramilitärischen Flügels, der Sturmabteilung (SA), wurde.

Röhm war ein äußerst wichtiger Kontakt zur alten preußischen Elite, der für den Erfolg der Nationalsozialisten von zentraler Bedeutung war. Zwischen 1922 und 1924 stand Hitler hinter General Ludendorff, der 1917/18 der eigentliche Boss in Deutschland gewesen

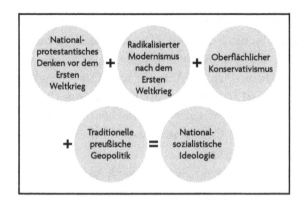

war, in der zweiten Reihe. Seine Nähe zu Ludendorff brachte ihm höchsten Respekt und gut situierte Mäzene ein. Sie trug dazu bei, sein Denken auf schicksalshafte Weise zu verändern. Die urpreußische Idee eines kolonialisierten Lebensraums im Osten wurde nun auch für Hitlers Ideologie zum zentralen Bestandteil – im ersten Parteiprogramm der NSDAP von 1920 hatte nur eine allgemeine Forderung nach neuen Kolonien gestanden.

Am 9. November 1923 versuchten Hitler und Ludendorff einen Putsch, dem ein Marsch auf Berlin folgen sollte. Er endete in einem Debakel, das Hitlers Karriere mit einem Schlag hätte beenden müssen. Doch statt ihn zu einer dem Tatbestand Hochverrat angemessenen Strafe zu verurteilen, erkannten die rechtsnationalen Richter auf nur fünf Jahre Festungshaft. Diese war normalerweise Offizieren vorbehalten, die zwar gegen das Gesetz verstoßen hatten, nicht jedoch gegen den militärischen Ehrenkodex. Eine derartige Nicht-Verurteilung bedeutete für den ehemaligen Gefreiten Hitler eine Auszeichnung, keine Bestrafung, zumal er schon Ende 1924 wieder freikam.

Und dennoch schien es damals, als sei seine politische Laufbahn damit zu Ende. Nachdem die Hyperinflation durch die Währungsreform überwunden war und mit dem Dawes-Plan US-Anleihen nach Deutschland flossen, die an EU-Rettungsschirme zu Beginn des 21. Jahrhunderts erinnern, waren die Menschen bereit, der neuen Republik eine Chance zu geben. Selbst die DNVP war nun vorübergehend an der Regierung beteiligt. Das Berlin der Weimarer Republik wurde zur intellektuellen und künstlerischen Kraftquelle Europas. Die pulsierende Metropole zog Kunstschaffende aus aller Welt an.

DIE GOLDENEN ZWANZIGER

Zum ersten Mal seit 1819 hatte sich Deutschland vom preußischen Absolutismus befreit. Es war nun ein Land nach westlicher Art, in dem niemand Wehrdienst leisten musste, Frauen wählen durften, schwules Nachtleben offen florierte und Juden endlich hohe Positionen in Bildung und Politik übernehmen konnten. Die amerikanische Kultur wurde neugierig angenommen – und umgestaltet. Bertolt Brechts und Kurt Weills *Dreigroschenoper* und *Aufstieg und Fall der Stadt Mahagonny* verschmolzen Jazz und populären, zugänglichen Ausdruck zu einer neuen Art Theater. Die bildende Kunst ließ sich von Plakaten und Straßenszenen inspirieren. Romane wie Alfred Döblins *Berlin Alexanderplatz* (1929) besangen das Leben in der Großstadt und versuchten, deren stürmischen Rhythmus nachzubilden. Vor allem aber erkundete der deutsche Film unheimliche, erotische und

Metropolis (1927) und
Nosferatu (1922)

fantastische Orte, die selbst Hollywood noch nicht entdeckt hatte.

Durch den militärischen und politischen Triumph des Westens von Preußen befreit, war Deutschland endlich wieder am Puls der Zeit.

Es wäre einfach, im Rückblick oder im ernüchternden Licht der gegenwärtigen europäischen Politik zu behaupten, dass dieser Aufbruch auf eine weltstädtische Elite in Berlin beschränkt gewesen sei und den Rest des Landes wohl eher abgestoßen habe. Doch die Geschichte sagt etwas anderes. Die Wahlen zum Reichstag von 1928 bescherten der links von der Mitte stehenden SPD, also der Partei, die am eindeutigsten für die neue Republik stand, ihr bestes Ergebnis seit den Aufbruchstagen von 1919. Sie wurde die bei Weitem stärkste Kraft im Reichstag. Die Partei der kleinstädtischen Ressentiments und des grimmigen Protests gegen Amerikanisierung und Liberalität, die NSDAP also, erreichte klägliche 2,8 Prozent.

Doch nur zwei Jahre später holten sie bereits die meisten Stimmen aller Parteien, und 1933 waren sie an der Macht. Die Frage ist, wie dieses hier –

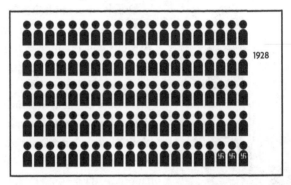

1928

– in das hier umschlagen konnte:

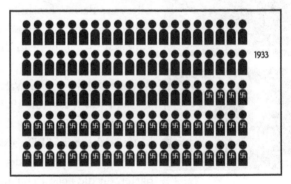

1933

DER DURCHBRUCH DER - NATIONALSOZIALISTEN

Die offensichtliche Erklärung ist zweifellos der Börsencrash von 1929, der die US-Wirtschaft zusammenbrechen ließ, mit den entsprechenden Folgen für die Deutschlands

Wirtschaft antreibenden US-Kredite. Die Arbeitslosigkeit stieg erst auf 1,6 Millionen (September 1931), dann auf 6 Millionen (Januar 1933). Das System stand vor dem Kollaps. Doch Hitler konnte allein deshalb mehr als andere von dieser Situation profitieren, weil er zu diesem Zeitpunkt bereits mit einem unverkennbaren, landesweit attraktiven Image ausgestattet war.

Es war die DNVP, die ihn groß gemacht hatte. Die Partei konnte zwar auf stolze alte Namen und wohlhabende Spender zurückgreifen, doch sie war so durch und durch preußisch – und damit protestantisch –, dass sie in anderen Regionen Deutschlands nicht einmal bei extrem weit rechts stehenden Wählern ankam. Ihr neuer Vorsitzender, der Medientycoon und ehemalige Krupp-Vorstand Alfred Hugenberg, dachte, die Nationalsozialisten seien nichts weiter als eine kleinere, rauere Ausgabe seiner eigenen Partei mit einem nützlichen harten Kern von Graswurzelaktivisten. Gewiss waren sie Gangstertypen, aber eben »unsere« Gangster. Was, wenn diese lautstarken, sich modern gebenden, doch im Wesen konservativen Braunhemden im Rest Deutschlands auf Stimmenfang gingen und so den gesellschaftlich höherstehenden Zylinderträgern der DNVP, den naturgegebenen Herren Ostelbiens, im ganzen Land zur Macht verhalfen? Diese Illusion hielt bis Anfang Februar 1933. Damals beruhigte Vizekanzler Franz von Papen noch seine Kollegen mit den berühmten Worten: »Wir haben ihn uns engagiert.«

Die schon 1929 geschlossene Allianz zwischen DNVP und NSDAP war für Hitler vor allem deshalb so wertvoll, weil Hugenberg große Teile der Presse und fast alle Wochenschauen kontrollierte. Hitler erkannte die Macht einfacher Bilder im Zeitalter der Massenmedien und stellte sicher, dass er in den Wochenschauen überzeugende Auftritte bekam. Die wenig medienaffinen, zylindertragenden oder in kaiserlichen Uniformen steckenden alten Männer zeigten sich plaudernd und ins Publikum winkend, doch Hitler posierte mit großer Geste vor der Kamera, er war der neue Mann mit den glühenden Augen. Als die Wallstreet 1929 implodierte, war er bereits eine nationale Mediengröße. Doch zugleich war er jemand – und das war entscheidend –, der nicht mit den Junkern und dem *System* identifiziert wurde.

Stimmzettel für die Reichstagswahl am 5. März 1933

Zur Zeit des Börsencrashs setzten nicht wenige Deutsche auf eine charismatische Einzelperson, die auf allen Leinwänden zu sehen war und fanatische Anhänger hatte, die aber noch unbefleckt von jeder Regierungsarbeit war und einfache Dinge versprach. Es ging nur um den Mann, nicht um seine Partei. Als einzige Partei verwendete die NSDAP seit 1928 den Namen ihres Führers als Zusatz auf den Stimmzetteln für die Reichstagswahlen: *Hitlerbewegung*.

Doch welche Deutschen ließen sich von Hitler und seiner Bewegung anziehen? Die Antwort findet man, wie so oft, wenn man die religiösen und topografischen Trennlinien genauer betrachtet, die das Land unverändert in zwei Hälften teilten.

WER STIMMTE FÜR HITLER?

Stellen Sie sich vor, man zeigt Ihnen die leere Rückseite einer Fotografie. Diese Fotografie stellt einen zufällig ausgewählten wahlberechtigten Deutschen im Jahr 1928 dar. Ihre mit einem ansehnlichen Preis dotierte Aufgabe besteht darin zu erraten, ob diese Person bis 1933 zu den Nationalsozialisten überlief.

Wenn Sie einfach auf Nein tippen, sind Ihre Gewinnchancen etwas höher als 50 Prozent, da die NSDAP 1933 43,9 Prozent der Wählerstimmen holten. Doch um Ihre Aussichten zu verbessern, dürfen Sie eine einzige Ja-Nein-Frage stellen.

Was werden Sie also fragen? Werden Sie versuchen, das Alter der Person herauszufinden, ihre Klassenzugehörigkeit, ihr Geschlecht, ihre Erziehung, ihren Beruf?

Im Folgenden kommt der bedeutendste deutsche Wahlforscher zu Wort, der nach Auswertung unzähliger Tabellen und Statistiken zu dem Schluss kommt, dass hier nur eine einzige Frage wirklich weiterhilft. Die Antwort scheint ihn selbst zu überraschen, so einfach ist sie.

Die einzig lohnende Frage

Die Wahlerfolge [der NSDAP fielen] ab 1932 im Schnitt um so höher aus ..., je größer der Anteil der (protestantischen) Landbevölkerung in den Kreisen lag ... Hitlers Hochburgen lagen vor allem in überwiegend evangelischen Kreisen ... Der relativ stärkste Einflussfaktor jedoch ist fast immer die durch den

Katholikenanteil gemessene Konfessionsfärbung der Kreise ... Der Konfessionsfaktor [erweist sich] als erstaunlich robuste, relativ konstant wirkende Einflussgröße, die das Wahlergebnis in den Städten und Gemeinden des Deutschen Reiches erheblich stärker bestimmt zu haben scheint als die verschiedenen Schichtmerkmale.

Jürgen W. Falter, Die Wahlen des Jahres 1932/33 und
der Aufstieg totalitärer Parteien

Deutschlands größtes Nachrichtenmagazin hat es so formuliert:

Noch im Juli 1932 stammten nur 17 Prozent der NSDAP-Wähler aus überwiegend katholischen Regionen, 83 Prozent waren Nichtkatholiken.

Der Spiegel, *29. Januar 2008*

Es lohnt sich, diesen Punkt unmissverständlich hervorzuheben: Wenn Sie herausfinden wollen, ob ein 1928 zufällig ausgewählter Deutscher in den folgenden Jahren Hitler wählte, werden Sie kaum etwas erreichen, wenn Sie fragen, ob er arm oder reich, aus der Stadt oder vom Land, gebildet oder ungebildet, Mann oder Frau gewesen ist. Die einzige Frage, die Sie wirklich weiterbringt, lautet, ob er Katholik oder Protestant war.

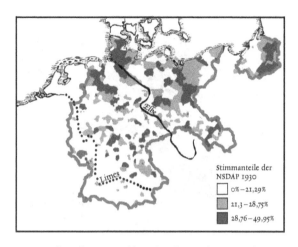

Quelle: John O'Loughlin, *The Electoral Geography of Weimar Germany*

Eben deshalb ist es so wichtig, den preußischen Mythos der deutschen Vereinigung von 1871 zu hinterfra-
gen. Denn es ist bis heute keineswegs so, dass Katholiken
und Protestanten in Deutschland gleichmäßig verteilt
leben. In Deutschland weist die Religionszugehörigkeit
darauf hin, aus welchem historisch gewachsenen Teil des
Landes jemand kommt. Und deshalb ist das Studium
von Kartenmaterial die einzig sinnvolle Methode, um
den Erfolg der Nationalsozialisten – aber auch sein Ausbleiben – nachzuzeichnen.

Die obige Karte zeigt die Verteilung der NSDAP-
Wähler im Jahr 1930. Mit ihrem landesweiten Zuwachs
von 2,8 Prozent auf 18,3 Prozent der Stimmen sind sie
plötzlich die zweitstärkste Kraft im Land und beherrschen die Schlagzeilen. Doch *wo* begann ihr Höhenflug?

Man ziehe eine Linie entlang des römischen Limes

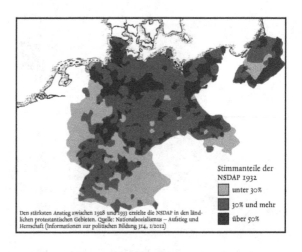

Den stärksten Anstieg zwischen 1928 und 1933 erzielte die NSDAP in den ländlichen protestantischen Gebieten. Quelle: Nationalsozialismus – Aufstieg und Herrschaft (Informationen zur politischen Bildung 314, 1/2012)

Stimmanteile der
NSDAP 1932

unter 30%

30% und mehr

über 50%

und der Elbe. Innerhalb des Römischen Reichs von 100 n. Chr. gibt es so gut wie keine Region, in der die NSDAP die Zwanzigprozentmarke überspringen konnte, über ganze Landstriche hinweg haben sie nicht einmal 15 Prozent geschafft – so viel zu der Vorstellung, Bayern sei die Heimat der NS-Bewegung. Blickt man auf das Gebiet bis zur Ostgrenze des Reichs Ottos des Großen – also die Elbe –, so erkennt man, dass die Nationalsozialisten dort einige Erfolge einfahren konnten, in anderen Wahlkreisen hingegen sehr wenige Stimmen erhalten haben. Und dann bleibt noch Ostelbien, wo ganze Regionen bereits 1930 mit über 30 Prozent für die NSDAP stimmten. Der große Durchbruch der Nationalsozialisten auf überregionaler Ebene ist in einem erstaunlichen Maße den ostelbischen Wählern geschuldet.

Zwei Jahre später, im Juli 1932, als die NSDAP ihr höchstes Wahlergebnis in wirklich freien Wahlen er-

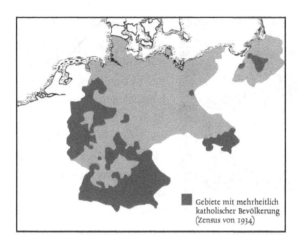

Gebiete mit mehrheitlich
katholischer Bevölkerung
(Zensus von 1934)

reiche und mit großer, wenn auch nicht absoluter Mehrheit die stärkste Partei im Reichstag wurde, sah es nicht
viel anders aus:

In fast allen Gebieten Ostelbiens wählten im Juli 1932
über 40 Prozent Hitler, in vielen erhielt er über 50 Prozent. Der Vergleich mit einer Karte, die den katholischen
Bevölkerungsanteil zeigt, ist in seiner deutlichen Über-
einstimmung verblüffend.

Dann kamen die letzten, verhängnisvollen Wahlen von
1933. Hitler war bereits an der Macht. Er war am 30. Januar 1933, nach geheimen Verhandlungen auf Reichs-
präsident Hindenburgs ostpreußischem Landgut, zum
Kanzler ernannt worden. Theoretisch koalierte er mit der
DNVP. Papen hatte versprochen, Hitler zu kontrollieren.
Während die SA-Schergen – fünfzigtausend von ihnen
waren als Hilfspolizisten nun vom Staat angestellt – einen normalen Wahlkampf von Linken und Liberalen

weitestgehend verhinderten, machte die NS-Propaganda mit Unterstützung des gesamten Regierungsapparates in der bürgerlichen Mitte enorm an Boden gut.

Das große neue Thema war Hitlers Respektabilität. Immerhin hatte sich der alte, allseits beliebte Krieger Hindenburg in Deutschlands Stunde der Not an ihn gewandt!

Als der Wahlkampf seinen Höhepunkt erreichte, setzte der holländische Kommunist Marinus van der Lubbe am 27. Februar den Reichstag in Brand. Ob van der Lubbe von den holländischen Kommunisten angeleitet wurde, ob er ein radikaler, psychisch kranker einsamer Wolf war oder doch ein Bauernopfer in einer nationalsozialistischen Verschwörung, wird noch heute unter Historikern diskutiert. Doch wie auch immer der Brand ausgelöst wurde, er spielte Hitler in die Hände – und bot ihm einen Vorwand für offenen Terror: Augenblicklich begann die neue »Hilfspolizei«, Tausende Gegner einzusperren und zu misshandeln.

Und dann kam der 5. März 1933, der Wahltag: Für die Wähler hätte es keinen verlockenderen Zeitpunkt geben können, um Hitlers Behauptung zu schlucken, die Nationalsozialisten seien nichts anderes als eine härtere Ausgabe der traditionellen Rechten und müssten auch härter sein, um die Kommunisten an der Machtübernahme zu hindern. Bisher waren auf jede Reichstagswahl die

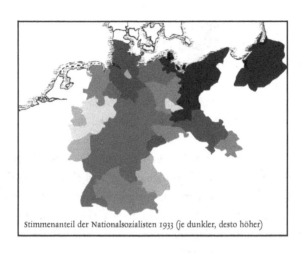

Stimmenanteil der Nationalsozialisten 1933 (je dunkler, desto höher)

üblichen Kuhhandel und Koalitionsgespräche gefolgt, doch der 5. März stand eher unter dem Zeichen eines Referendums oder einer Präsidentschaftswahl, denn dieses Mal wussten alle im Voraus, was ihre Stimme bedeutete. Ein Kreuz für die NSDAP oder den Kampfbund Schwarz-Weiß-Rot, wie die DNVP sich nun nannte, hieß: »Ja, ich will, dass Hitler an der Macht bleibt.« Ein Kreuz für alle anderen hieß: »Nein, ich will, dass Hitler rausfliegt.« Zeit, sich zu entscheiden.

In vielen Gegenden innerhalb des römischen Limes von 100 n. Chr. blieb Hitler auch zu diesem Zeitpunkt noch unter 40 Prozent. Im Schnitt erreichte er weniger als 45 Prozent. Selbst mit dem gesamten Staatsapparat im Rücken, selbst mit Hindenburgs Segen und einer bombastischen Angstkampagne und einer brutalen Terrorwelle nach dem Reichstagsbrand, selbst nach einem maßgeschneiderten Wahlkampf, der ihn so normal wie möglich hatte aussehen lassen, schaffte es Hitler nicht, im Süden und Westen Deutschlands ausreichende Eroberungen zu machen. Tatsächlich erhielt Hitler nur in einem Wahlkreis innerhalb des Reichs Ottos des Großen, in Ost-Hannover, die Mehrheit – und dieser lag an seinen östlichen Grenzen, also nahe dem westlichen Elbufer.

Denn dieser Fluss ist nach wie vor die große Bruchlinie der deutschen Geschichte. Die Verhältnisse östlich des Flusses sind andere, und so war es schon vor tausend Jahren. Hier gelang Hitler in allen Gebieten mit Ausnahme Berlins, das innerhalb Ostelbiens immer eine politische Insel darstellte, der Durchbruch. Die einzigen drei Wahlkreise in ganz Deutschland, in denen die Nationalsozialisten über 55 Prozent der Stimmen erhielten, liegen hier. Hitler verfehlte im Westen klar die Mehrheit, doch hohe Stimmenanteile in Ostelbien bescherten ihm ein landesweites Ergebnis von 43,9 Prozent.

Hitler brauchte immer noch den Kampfbund Schwarz-Weiß-Rot, die Partei der Junker. Sie holte 7,9 Prozent der Stimmen. Auch diese kamen wie immer zu einem unverhältnismäßig hohen Anteil aus Ostelbien. Rechnet man die Ergebnisse der NSDAP und des Kampfbundes zusammen, dann stimmten hier außerhalb Berlins 60 Prozent für die Hitler-Koalition. Nur aufgrund dieser regionalen Anomalie erreichte die Koalition aus NSDAP und Ex-DNVP eine absolute Mehrheit im Reichstag von 51,9 Prozent.

Hitler verlangte sofort ein Ermächtigungsgesetz. Dieses Instrument der Weimarer Verfassung erlaubte es einem Kanzler in Krisenzeiten ohne das Parlament zu regieren. Hierfür benötigte Hitler, um den Anschein von Legalität zu wahren, eine Zweidrittelmehrheit. Am 23. März begann für die Abgeordneten der Opposition auf dem Weg zum Reichstag ein Spießrutenlauf durch eine johlende Menge uniformierter Nazi-Schergen. Die Kommunisten, die zu spät erkannt hatten, dass es doch Schlimmeres auf Erden gibt als bürgerliche Politik, waren schon allesamt in Haft oder auf der Flucht. Die Sozialdemokraten stimmten tapfer mit Nein. Die Zentrumspartei kam nach quälenden Debatten zu dem Schluss, dass Deutschlands Katholiken im Falle eines Widerspruchs gegen Hitlers Mehrheit von 51,9 Prozent wieder als Volksverräter gebrandmarkt würden und einen neuen *Kulturkampf* durchleben müssten. Hitler erhielt seine Supermehrheit, und die Demokratie in Deutschland endete.

Doch wer genau hatte sie auf dem Gewissen? Hätte ganz Deutschland wie das Rheinland, Schwaben und Bayern gewählt, wäre Hitler niemals Kanzler und schon gar nicht Diktator geworden. Schon 1930 hatten ihm die ostelbischen Wähler den Durchbruch verschafft, und sie bestätigten ihn 1933 im Amt. Ohne Ostelbien kein Führer, so einfach ist das.

Seit die Briten im Jahr 1814 das Rheinland an Preußen ausgehändigt hatten, war ganz Deutschland langsam hin zur Agenda Ostelbiens gedrängt und dabei zunehmend deformiert worden. Und ab 1933 zog das besiegte und amputierte, aber untote Ostelbien ganz Deutschland mit sich in den Abgrund.

DER ZÖGERLICHE FÜHRER

Am Anfang achtete Hitler sehr darauf, als normaler Staatsmann aufzutreten, wobei *normal* hier *in preußischer Tradition* hieß.

Die größte Gefahr drohte nun von den eigenen Radikalen. Ernst Röhm, sein alter Freund und Führer der paramilitärischen NS-Organisation, des Millionenheers der SA, wollte eine echte nationalsozialistische Revolution der deutschen Gesellschaft, und zwar sofort. Insbesondere hatte er vor, die Berufsarmee, wie in Punkt zweiundzwanzig des ersten nationalsozialistischen Programms von 1922 festgelegt, in den eigenen Reihen als »Volksheer« aufgehen zu lassen.

Die Armee war außer sich. Ihr erster Soldat, der Junker und Reichswehrminister Werner von Blomberg, war kein Mitglied der NSDAP aber gleichwohl der Faszination des Führers erlegen. Im Februar 1934 stellte er persönlich sicher, dass die wenigen Reichswehroffiziere mit jüdischen Vorfahren – sie waren alle christlich getauft – entlassen wurden. Doch niemals hätte er die Unterordnung der Junkerarmee unter die Schergen der SA geduldet.

Hitler versuchte, beide Seiten mit Bitten und Zugeständnissen zu beeinflussen. Doch keine wollte nachgeben. Schließlich wurde er vom Reichspräsidenten Hindenburg persönlich dazu angehalten, die Sache in Ordnung zu bringen. Hindenburg war zwar bereits sechsundachtzig Jahre alt und verfiel zunehmend, doch er hatte immer noch das von der Verfassung verbriefte Recht, den Kanzler zu entlassen. An Bord des nagelneu-

Postkarte, 1933

en Schlachtschiffs »Deutschland« traf Hitler am 9. April 1934 eine Vereinbarung mit Blomberg: Er wollte die SA zähmen und die Armee großzügig verstärken, wenn ihm die Generäle versprächen, ihn nach Hindenburgs Tod als alleinigen Führer Deutschlands anzuerkennen. Um diesen Handel abzuschließen, wurde Röhm mit einhundertfünfzig bis zweihundert SA-Führern in der *Nacht der langen Messer* (30. Juni 1934) ermordet.

Präsident Hindenburg gratulierte seinem Kanzler in aller Öffentlichkeit. Hitler wusste, dass er während der Krise vollständig in den Händen der Generäle gewesen war, und beeilte sich, ihnen demonstrativ zu danken. Er gab bekannt, dass die Armee der »einzige Waffenträger« sein solle, und beteuerte, dass es in Ordnung sei, wenn der einzelne Soldat nicht »seinen Weg zu uns« finde. Das bedeutete, dass man auch weiterhin (wie viele es taten) in den Streitkräften aufsteigen konnte, ohne in die NSDAP einzutreten. Dies war ein einmaliges Zugeständnis, das die alten Stäbe der deutschen Armee in dem Glauben ließ, sie stünden irgendwie über dem schmutzigen Geschäft der Politik.

Die Offizierskaste der Junker war von diesem Abkommen begeistert. Es stellte sich heraus, dass Hitler genau jenem Typ eines zivilen Führers entsprach, den sie seit 1919 mehr oder weniger offen ersehnt hatten. Noch an Hindenburgs Todestag, dem 2. August 1934, führte Blomberg, ohne von Hitler darum gebeten, geschweige denn aufgefordert worden zu sein, einen neuen Fahneneid ein: Die Soldaten schworen nun dem »Führer des Deutschen Reiches und Volkes, Adolf Hitler« »unbedingten Gehorsam«.

PREUSSEN POTENZIERT

Zwischen 1871 und 1918 hatte Preußen mit geringem Erfolg versucht, Deutschland seine Markenzeichen aufzudrücken: eine militarisierte Gesellschaft, Staatsfrömmigkeit, Führerbewunderung, Kadavergehorsam und uniformstolze, auf Krawall gebürstete, scheinbar über dem Gesetz stehende Junker. Ab 1934 verbreitete der NS-Staat diese »Errungenschaften« mit weit größerem Erfolg.

Die selbst ernannte neue Rassenelite imitierte die Arroganz der Junker, ihre abgehackte, dem Kasernenhof entsprungene Sprache und ihre Bereitschaft, jeden Moment gewalttätig zu werden. Als die SS begann, eigene Kadettenschulen aufzubauen, nannte man sie *SS-Junkerschulen*. Aus den dort verwendeten Lehrbüchern erfuhr man, dass Besteck »nur mit den Fingern, nicht mit der ganzen Hand« zu führen sei. An ihnen zeigte sich der gesellschaftspolitische Radikalismus: Um voranzukommen benötigte man von nun an sogenannte Ariernachweise statt der mit adeligen Vorfahren gespickten Stammbäu-

Kaiser Wilhelm II. (links) in der Uniform der Totenkopfhusaren.
Sein ältester Sohn Wilhelm (rechte Fotografie, links)
mit SS-Führer Heinrich Himmler

me. Wie alt ein Adelstitel auch sein mochte – hatte man
Juden in der Familie, war man von nun an in Gefahr,
wohingegen jeder Hühnerzüchter oder Bankangestellte
mit deutschem Blut und Parteibuch sich ermutigt füh-
len durfte, sich so aufzuführen, wie es die Junker schon
immer getan hatten. SS-Funktionäre, die sich noch nie in
die Nähe eines Pferdes gewagt hatten, trugen plötzlich
die Reiterhosen von Kavallerieoffizieren. Ihre schwarzen
Uniformen – viele davon aus der Produktion der stolzen
Firma Hugo Boss – und das Totenkopfemblem wurden
direkt vom exklusiven 1. Leib-Husaren-Regiment Nr. 1
übernommen.

Diese neuen Möchtegernaristokraten setzten oder
beugten Recht nach Gutdünken und gingen einfach
davon aus, dass sie, solange sie nur radikal wären, *dem
Führer entgegenarbeiteten*. Doch jede Aristokratie braucht
eine Gruppe, über die sie sich erheben kann. Von allen
Deutschen »reinen Blutes« hieß es nun, sie seien gleich-
wertige Mitglieder der *Volksgemeinschaft*. Sicher, es gab
»Volksverräter« – Linke und Liberale –, aber da diese

allesamt verhaftet, ins Exil getrieben oder durch Terror zum Schweigen gebracht wurden, mussten die National-sozialisten Nichtdeutsche in Deutschland finden – oder erfinden. Ohne die ihnen ausgelieferten Juden hätte die angebliche Herrenrasse bis 1939 niemanden gehabt, über den sie hätte Herr sein können. Preußische Radikale hatten den Antisemitismus zu einer politischen Bewegung, preußische Konservative ihn salonfähig gemacht – im NS-Staat wurde er zu dem Kitt, der die Volksgemein-schaft in den Vorkriegsjahren zusammenhielt.

HITLER OHNE GEGENWEHR

Nur die Rückgratlosigkeit der anderen Mächte erlaubte es diesem infamen Regime, zu überleben und zu wach-sen.

Seit 1918 war Amerika eindeutig das mächtigste Land auf Erden. Hätte es dauerhaft Verantwortung übernom-men und eine aktive Rolle in der Welt gespielt, wäre es keinem deutschen Politiker je eingefallen, die Ergebnisse des Ersten Weltkriegs mit gewaltsamen Mitteln infrage zu stellen. Doch die USA blieben der internationalen Bühne fern und wählten stattdessen die Isolation. Russ-land war zuerst durch Revolution und Hunger traumati-siert worden und jetzt fest im Griff von Stalins mörderi-schem *Großen Terror*. Stalin graute davor, die Deutschen zu einem Angriff zu provozieren, von dem er wusste, dass er eines Tages kommen würde. Ein erschöpftes Großbri-tannien konnte einfach nicht glauben, dass in Deutsch-land wirklich noch jemand Krieg wolle. Bis 1938 blieb seine Regierung in geradezu alberner Weise überzeugt, dass sie Deutschland nur richtig – also großzügig – behandeln müsse, um Hitler zufriedenzustellen. Frankreich war vom Krieg noch schwerer gezeichnet und von Konflikten zwischen links und rechts innerlich so zerrissen, dass einige Franzosen die eigenen Kommunisten sogar mehr fürchteten als die deutsche Armee.

Diese Nicht-Opposition verhalf Hitler bereits in einer Phase zu einer Folge von Triumphen, als ihm jeder echte Widerstand ein schnelles Ende bereitet hätte.

1936: REMILITARISIERUNG DES RHEINLANDS & OLYMPISCHE SPIELE

Laut dem Versailler Vertrag von 1919 durften keine deutschen Truppen im Rheinland stationiert werden. Nun marschierte Hitler einfach ein. Dabei hatte er zuvor eingeräumt, dass die deutschen Streitkräfte in ihrem gegenwärtigen Zustand zu keinerlei Konfrontation in der Lage seien. Schon der geringste militärische Widerstand vonseiten Frankreichs und Großbritanniens hätte ihm jäh Einhalt geboten. Doch weder Frankreich noch Großbritannien unternahmen irgendetwas, und Hitlers Popularität in Deutschland erreichte ungeahnte Höhen. Für die Olympischen Spiele 1936 in Berlin ordnete Hitler an, die Schikanen gegen Juden kurzzeitig auszusetzen, damit er der Welt den NS-Staat in makellosem Glanz präsentieren konnte. Das Regime befand sich im Zenit seines internationalen Ansehens.

1938: DER ANSCHLUSS ÖSTERREICHS

Im Jahr 1919 hatten die siegreichen Alliierten erklärt, dass Nationen wie die Polen oder die Tschechen das Recht hätten, als vereinte Völker zu leben. Hitler hielt nun dagegen: Warum nicht auch die Deutschen? Es gab keinerlei internationalen Widerstand, als die deutsche Armee in Österreich einmarschierte. Hitler wurde in Wien ekstatisch begrüßt. Seine Beliebtheit stieg noch weiter an.

1938: DAS MÜNCHNER ABKOMMEN

Die alteingesessenen deutschen Minderheiten im ehemaligen Königreich Böhmen (bis 1918 unter österreichischer Herrschaft) wollten die neu gegründete Tschechoslowakei von Anfang an verlassen und sich Deutschland anschließen. Jetzt forderte Hitler die Vereinigung des deutschsprachigen Sudetenlandes mit dem Vaterland. Die Tschechen waren zum Krieg bereit. Sie hatten in den Bergen nahe der deutschen Grenze einige der besten Befestigungsanlagen, Panzer und Panzerabwehrgeschütze der Welt in Stellung gebracht. Viele deutsche Generäle glaubten, dass Deutschland eine offene Auseinandersetzung mit Sicherheit verlieren würde, falls Frankreich und Großbritannien die Tschechen unterstützten. Einige hohe Offiziere waren bereit, eher Hitler zu töten, als eine sichere Niederlage in Kauf zu nehmen, und ließen das die Briten sogar wissen. Doch Großbritannien hatte zu viel Angst vor der angeblich unbezwingbaren deutschen

Deutsche Expansion von 1935 bis März 1939

Luftwaffe. Mit dem schändlichen Münchner Abkommen (30. September 1938) ließ der britische Premierminister Neville Chamberlain die Tschechoslowakei fallen, um den Frieden zu sichern. Die Tschechen mussten das Sudetenland kampflos abtreten. US-Präsident Roosevelt schickte Chamberlain ein Telegramm: »Guter Mann«.

HITLER ZEIGT SEIN
WAHRES GESICHT

Nach München glaubte Hitler, endlich tun und lassen zu können, was er wollte. Er musste sich nicht länger als Konservativer tarnen. Was er wirklich anstrebte, zeigte sich in der Nacht auf Luthers Geburtstag, vom 9. auf den 10. November 1938. In der sogenannten *Kristallnacht* zerschlugen und verbrannten enthemmte Nazihorden jüdische Einrichtungen und Synagogen in ganz Deutschland. Propagandaminister Josef Goebbels notierte triumphierend: »Die radikale Meinung hat gesiegt.«

Diese radikale Meinung durchzog Hitlers Rede zum Tag der *Machtergreifung* am 30. Januar 1939. Sie gilt zu Recht als berüchtigt, da Hitler in ihr *die Vernichtung der jüdischen Rasse in Europa* ankündigte. Er versprach ebenfalls die *Vernichtung* eines jeden Priesters, der sich ihm entgegenstellte. An die Junker gerichtet, die ihm mit zur Macht verholfen hatten, beteuerte er, er habe kein Verständnis für »das Bestreben absterbender Gesellschaftsschichten, sich vom wirklichen Leben abzusondern«. Sollten diese dem »fortschreitenden Leben« im Wege stehen, »dann wird der Sturm einer vorwärtsbrausenden Jugend dieses alte Gestrüpp kurzerhand beseitigen«.

Jetzt war für jeden deutlich erkennbar, dass der Nationalsozialismus rein gar nichts mit einem traditionellen Konservativismus zu tun hatte. Eine weitverbreitete These besagt, der NS-Staat habe sich erst durch die Natur des Kriegs radikalisiert – sie vereint Naziapologeten und Pazifisten, die glauben, kein Krieg könne je gerecht sein. Doch in Wahrheit verhält es sich genau umgekehrt: Hitler wusste nur zu gut – er selbst hat sich mehrmals in diese Richtung geäußert –, dass es ihm nur unter Kriegsbedingungen, welche die Ausschaltung jeglicher Opposition erlaubten, möglich sein würde, wirklich radikal zu handeln.

Im März 1939 ließ er alle Masken fallen und besetzte den noch verbliebenen Teil der Tschechoslowakei. Kurz darauf vergrößerte er Ostpreußen um das halb deutsche

Memelland. Und dann kam es zu jenem Deal, der die Welt in Schockstarre versetzte: der Hitler-Stalin-Pakt über die Teilung Polens.

Es schien unmöglich, dass Hitler und Stalin sich zusammentaten. Dabei gehörte es doch für Preußen und später Preußen-Deutschland zur eigentlichen Staatsräson, mit Russland eine gemeinsame Grundlage zu finden, die (einzig und allein) im wechselseitigen Wunsch einer dauerhaften Auflösung Polens bestand. Überdies lagen die geheimen Militärvereinbarungen zwischen von Seeckt und den Bolschewiken noch nicht lange zurück. Indem er Polen aufteilte, um so Russland zu kaufen, handelte Hitler wie jeder preußische Führer seit Friedrich dem Großen.

Mit Russland an seiner Seite konnte er seinen Krieg bekommen. Und das hieß, dass er endlich wahrhaft radikal sein konnte. Auf den 1. September 1939 datieren zwei Befehle Hitlers. Der erste war der Angriff auf Polen. Laut dem zweiten sollte ein geheimes Programm zur *Reinigung des Volkskörpers* in aller Konsequenz umgesetzt werden. Es gibt keinen Zweifel, dass Hitler persönlich dieses Programm in Auftrag gab. Er hielt es für so wichtig und war sich dessen Radikalität so klar bewusst, dass er etwas sehr Ungewöhnliches tat: Er stattete die Mörder mit einer unterschriebenen Vollmacht aus.

DER HOLOCAUST

Es wäre sehr verlockend, eine Seite komplett in Schwarz drucken zu lassen und zu versuchen zu vergessen, was von 1939 bis 1945 den Juden Europas widerfuhr. Wenn es etwas geben sollte, das zu schrecklich ist, um es vernünftig zu diskutieren oder rational zu begreifen, dann ist es der Holocaust. Doch dabei können wir es nicht bewenden lassen.

Tod in den Gaskammern

Anfangs schienen einige Opfer noch geglaubt zu haben, es gehe tatsächlich zum Duschen, andere begannen sich im letzten Augenblick zu wehren und schrien laut ... Geraume Zeit nach der Vergasung öffneten Hilfskräfte, die Gasmasken trugen, die Flügeltore. Ihnen bot sich in der Regel ein schrecklicher Anblick ... Dasjenige Personal, das die Krematoriumsöfen bediente, deshalb manchmal auch *Brenner* genannt wurde, war auch zuständig für den Abtransport der Leichen zu den Öfen ... Vorher wurden den mit einem Kreuz bezeichneten Patienten die Goldzähne ausgebrochen und bei der Verwaltung abgeliefert; das so gewonnene Rohmaterial wurde sodann ... zu Feingold verarbeitet.

Grafeneck im Jahr 1940, Landeszentrale für politische Bildung Baden-Württemberg, 2000

Bei den oben beschriebenen Menschen handelt es sich nicht etwa um Juden in Auschwitz, sondern um geistig behinderte Deutsche, die zwischen Anfang 1940 und August 1941 *in* Deutschland bei der sogenannten *Aktion T 4* ermordet wurden.

Zu diesem Zeitpunkt gab es zwar bereits in Polen und ab Juni 1941 auch im besetzten Russland Massaker an Juden, die mit Schusswaffen durchgeführt wurden. Die Juden in Deutschland selbst wurden jedoch noch nicht systematisch ermordet, und es waren auch noch keine speziellen Einrichtungen gebaut worden, um sie zu töten. Doch wurden diese für den Holocaust charakteristischen Merkmale schon in Zuge der vorherigen Säuberungen gegen angeblich »lebensunwerte« Deutsche entwickelt.

Die letzten Überreste westlicher Kultur setzten diesem Vorspiel zu Auschwitz ein Ende. Himmler hatte sich beschwert, dass es unmöglich sei, die Morde innerhalb Deutschlands geheim genug zu halten. Oder, mit den Worten des SS-Hauptamts vom 6. Juni 1939, »kann man mit Sicherheit behaupten, dass der evangelische Teil der Bevölkerung für den Kampf und die Aufgaben der SS mehr Verständnis aufbringt als der katholische«.

Für die katholische Kirche gab es noch eine rote Linie, die sie nicht übertreten wollte oder konnte.

Am 3. August 1941 sprach der Münsteraner Bischof Clemens August Graf von Galen so offen und eindringlich gegen die *Aktion T 4*, dass die britische Luftwaffe seine Predigt auf Flugblätter drucken ließ, die sie später über deutschen Städten abwarf.

Allgemein herrscht der an Sicherheit grenzende Verdacht, dass diese zahlreichen unerwarteten Todesfälle von Geisteskranken nicht von selbst eintreten, sondern absichtlich herbeigeführt werden, dass man dabei jener Lehre folgt, die behauptet, man dürfe sogenanntes lebensunwertes Leben vernichten, also unschuldige Menschen töten, wenn man meint, ihr Leben sei für Volk und Staat nichts mehr wert.

Bischof Clemens August Graf von Galen

Von Galen wurde bis zum Ende des Kriegs praktisch unter Hausarrest gestellt, doch er überlebte – im Gegensatz zu drei seiner Priester –, weil es sich selbst die Nationalsozialisten zweimal überlegten, bevor sie im am wenigsten nazifizierten Teil des Landes einen populären Vertreter der katholischen Oberschicht umbrachten.

»Die Verhaftung des Bischofs könne dazu führen, dass man für die Dauer des Krieges das Münsterland, ja ganz Westfalen abzuschreiben habe«, erklärte Goebbels. Hitler war ebenfalls der Ansicht, dass Untätigkeit am klügsten sei, obwohl er insgeheim schwor, mit Galen abzurechnen, sobald der Krieg erst gewonnen wäre.

Nicholaus Stargardt, Der Deutsche Krieg

Haus der Finsternis: Die Villa am Wannsee, wo in der *Wannseekonferenz* die *Endlösung* besprochen wurde. Man verlässt das Haus erleichtert, als wäre man aus einem bösen Traum erwacht. Doch dann wird einem gewahr, dass all dies wirklich passiert ist.

Galens Mut und die Rücksichtnahme der Nationalsozialisten auf die Haltung der Bevölkerung in katholischen Gebieten führten im August 1941 zur Beendigung der fabrikmäßigen Massentötung von geisteskranken Menschen. Zehntausende weitere sollten allerdings in den Folgejahren in einem weniger zentralisierten Verfahren durch Hunger und Medikamentenvergiftungen zu Tode gebracht werden.

Bis zu Hitlers Befehl, die *Aktion T 4* einzustellen, waren bereits an die siebzigtausend deutsche Männer, Frauen und Kinder ermordet worden. Die technischen Mittel für die Vernichtung der Juden – Gaskammern und Verbrennungsöfen – waren gründlich erprobt. Doch *T 4* hatte den Nationalsozialisten gezeigt, dass sie innerhalb Deutschlands selbst in Kriegszeiten nicht einfach massenhaft Menschen töten konnten.

Die SS benötigte einen Ort, an dem keine aufrührerischen Priester störten, einen Ort, an dem sie ihr Tun wirklich geheim halten konnte, an dem die europäische Zivilisation bereits aufgehört hatte, zu existieren. Gegen Ende 1941, als Polen und große Teile der Sowjetunion erobert waren, hatten sie genau diesen Ort. Als sich am 20. Januar 1942 hochrangige Beamte der Nationalsozialisten trafen, um auf der Wannseekonferenz Strategien für die Auslöschung der europäischen Juden zu koordinieren, betonte die Nummer zwei in der SS-Hierarchie, Reinhard Heydrich, die Bedeutung »unserer neuen Aussichten im Osten«. In diesem eroberten und zerstörten Ödland, wollte er wohl sagen, würde sich niemand diesen Plänen entgegenstellen.

Heydrichs Vermutung war nicht unbegründet, schließlich hatten bis Ende 1941 Massaker an Juden, mit voller Unterstützung der Wehrmacht, stattgefunden. Der folgende Befehl etwa stammte nicht von einem SS-Führer, sondern von einem adeligen preußischen Feldmarschall und ging an alle Soldaten unter seinem Kommando:

Der Soldat ... im Ostraum [muss] für die Notwendigkeit der harten, aber gerechten Sühne am jüdischen Untermenschentum volles Verständnis haben ... Nur so werden wir unserer geschichtlichen Aufgabe gerecht, das deutsche Volk von der asiatisch-jüdischen Gefahr *ein für allemal* zu befreien.

Generalfeldmarschall Walter von Reichenau
Anweisung an die 6. Armee vom 10. Oktober 1941

Wie wir bereits gesehen haben, hatten preußische Militaristen dieses Gebiet schon vor Jahrzehnten als künftige Kolonie betrachtet. Doch erst der radikale Nationalsozialismus setzte solche Pläne ohne Skrupel in die Tat um. Als Erstes erklärte man, dieser Osten sei von Natur aus ein staatenloser, kulturfreier Raum – und vergaß dabei, dass Preußen unter dem Thron Polens geboren und groß geworden war und dass allein Russland es vor seiner Auslöschung durch Napoleon bewahrt hatte. Dann verwandelte man es in einen solchen, indem man vor Ort sämtliche Einrichtungen systematisch zerstörte, alle potenziellen Führer ermordete und mittels willkürlichster und brutalster Gewaltanwendung herrschte. Man schaffte sich also eine grauenhafte koloniale Nicht-Ordnung, in der die schlechtesten Elemente der lokalen Bevölkerung wie von selbst nach oben kamen. Erst dann herrschten die richtigen Bedingungen für die volle Entfaltung des nationalsozialistischen Radikalismus:

Erst mit der Eroberung Osteuropas erschloss sich Hitler die Möglichkeit, eine wahrlich anarchische Gesellschaft zu schaffen, in der Enteignung, Mord und Vernichtung ohne Widerstand praktiziert werden konnten … Die Dimension der nationalsozialistischen Massenmorde in anderen Ländern hing weitgehend davon ab, ob und in welchem Ausmaß es diesen Staaten und ihren Institutionen gelungen war zu überleben. Dementsprechend konnten die meisten Juden in Belgien und Dänemark, wo die Institutionen des Staates unter dem Schutz der Monarchie weitgehend intakt blieben, ihrer Ermordung entgehen. Ähnlich gelang es den meisten französischen Juden, trotz des im Vichy-Regime grassierenden Antisemitismus, den Krieg zu überleben.

Richard J. Evans, »Besprechung von Timothy Snyders Black Earth. *Der Holocaust und warum er sich wiederholen kann.«* Guardian, *10. September 2015*

In der apokalyptischen Welt, die der Nationalsozialismus jenseits von Ostpreußen geschaffen hatte, fielen alle Hemmungen. Deshalb wurde der gesamte Apparat der *Aktion T 4* aus Deutschland hierher verlegt: dasselbe Personal, dieselben Tötungsmethoden, dieselben bürokratischen Euphemismen. Wie zuvor die deutschen Behinderten, wurde nun eine unvergleichlich viel größere Zahl von Juden in Auschwitz, Treblinka, Majdanek und Sobibor als darwinsche Antimaterie behandelt, die im Namen des Fortschritts vernichtet werden musste.

Der Holocaust ist der unverfälschte Ausdruck jener dunklen Moderne, deren Theorien Menschen zu bloßer Masse und Fortschritt zur einzigen werthaltigen Kategorie erklärten – und deren Praktiken all jene sorgfältig errichteten Barrieren niederrissen, mit denen die westliche Zivilisation die Brutalität des Einzelnen im Zaum gehalten und zu einer Randerscheinung gemacht hatte. Der Judenmord bedurfte keiner falschen Beschuldigungen gegen das einzelne Opfer und erlaubte keine Milde. Eine ganze sogenannte Rasse wurde als »Ungeziefer« eingestuft, nicht, weil sie etwas Bestimmtes getan hatte, son-

Das Denkmal für die ermordeten Juden Europas
südlich des Brandenburger Tors

dern weil man ihr unterstellte, unentrinnbar etwas zu sein. Trotz der Verbrechen Stalins und Maos ist der Holocaust ohne Parallele.

WARUM DIE NATIONALSOZIALISTEN DEN KRIEG VERLOREN

Im Juni 1940 hatte Hitler in Europa keinen auch nur annähernd gleichwertigen Gegner mehr. Stalin war sein Verbündeter, und auch Großbritannien schien schon bald einlenken zu müssen. Und selbst wenn Großbritannien weder zusammenbrechen noch klein beigeben würde, fehlte es dem Inselstaat an Offensivqualitäten. Hitler hätte also leicht und ohne größere Widerstände seine Stellung in Europa festigen können. Stattdessen griff er Russland an.

Er hatte hierfür verschiedene Gründe parat: Großbritannien würde seiner letzten Hoffnung beraubt, der Angriff würde ihm Ölfelder sichern, würde man Russland nicht zuvorkommen, würde es zweifellos als Erstes angreifen. Am wahrscheinlichsten war jedoch, dass er wirklich fest daran glaubte, er könne Ludendorffs leichtes Vordringen in den Osten wiederholen, mit dem Unterschied zu 1918, dass ihm die Westfront diesmal keinen Strich durch die Rechnung machen würde. Wie für die preußische Führungsriege zwischen 1914 und 1918, ging es auch Hitler in seinem Krieg um nichts anderes, als die Verhältnisse im Osten ein für alle Mal in Ordnung zu bringen. Nur wenige deutsche Generäle – die meisten von ihnen hatten bereits im Ersten Weltkrieg als Jungoffiziere und/oder in den Freikorps im Osten gekämpft – zweifelten am Sieg. Der Angriff auf Russland 1941 zielte auf die endgültige Vorherrschaft im Osten Europas, wie es schon Bernhard von Bülow in seinem Brief 1887 schilderte. Dieses Kriegsziel aber hatte mit der westdeutschen Geschichte nichts zutun: Die fatale Entscheidung war eine durch und durch preußische.

Das Ergebnis: Die *Wehrmacht* war bis Ende 1941 in einen verheerenden Zermürbungskrieg mit der numerisch nicht zu schlagenden Roten Armee verstrickt, während das *Afrikakorps* es in Libyen mit einem schlagkräftigen Britischen Empire zu tun bekam. Doch am 11. Dezember 1941 erklärte Hitler auch noch den USA unnötigerweise den Krieg. Seine Entscheidungsfindung mag uns vertraut erscheinen:

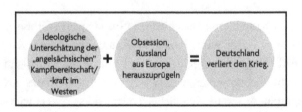

Ideologische Unterschätzung der „angelsächsischen" Kampfbereitschaft/-kraft im Westen **+** Obsession, Russland aus Europa herauszuprügeln **=** Deutschland verliert den Krieg.

Seit Ende 1941 hatten einige Offiziere unter der Leitung Henning von Tresckows geplant, Hitler zu stürzen. Tresckow wäre es beinahe gelungen, ihn im März 1943 zu töten. Die Bombe, die er in Hitlers Flugzeug geschmuggelt hatte, zündete nicht. Sich gegen Hitler auf der Höhe seiner Macht zu verschwören war wirklich heldenhaft.

Wenig später jedoch erschien es schlicht als vernünftig, sich Hitler entgegenzustellen. Die niederschmetternde deutsche Niederlage in Stalingrad bedeutete, dass Hitler schnell einen großen Sieg benötigte. Seine Verachtung der angelsächsischen Demokratien ließ ihn glauben, dass in Nordafrika gegen die britische und bislang unerfahrene US-Armee etwas zu holen war. Er missachtete die Apelle seines Vorzeige-Generals Rommel und ließ Elitetruppen nach Tunesien verlegen. Für die deutsche Armee war die Niederlage im Mai 1943 fast so schwerwiegend wie Stalingrad.[7] Als die Russen die kolossale Panzerschlacht bei Kursk im Juli 1943 gewannen, war das Menetekel für jeden, der bereit war, die Augen zu öffnen, unübersehbar. Der heimliche Widerstand gegen Hitler, angeführt von dem charismatischen Claus von Stauffenberg, erhielt Zulauf.

Unter den Verschwörern befanden sich viele Männer von unzweifelhaftem Mut und moralischer Gesinnung,

---

7 Diese Niederlage hat sich nicht in demselben Maß wie Stalingrad ins kollektive Gedächtnis der Deutschen eingegraben, weil die einhundertdreißigtausend Mann, die sich den angloamerikanischen Truppen ergaben, überlebten, während von den neunzigtausend Gefangenen der Russen die meisten starben.

doch aufgrund ihres späten Eingreifens könnte man auch den besten unter ihnen vorwerfen, dass sie überhaupt nicht gehandelt hätten, wäre Hitler weiter von Sieg zu Sieg geeilt. Viele wollten nur deshalb Frieden im Westen, um im Osten weiterkämpfen zu können. Selbst jenen, die wie Stauffenberg noch echte Ideale hatten, fiel es schwer zu begreifen, dass Deutschland damals schon so gut wir verloren war – oder wie schwer es anderen Nationen fallen würde, zwischen einem guten Junker und einem bösen Nazi zu unterscheiden.[8] Der künftige Kanzler Konrad Adenauer, schlau wie immer, verweigerte die Teilnahme und fragte nur: »Haben Sie schon einmal einen General mit einem klugen Gesicht gesehen?«

Am 20. Juli 1944 machte Stauffenberg im ostpreußischen Führerhauptquartier, der Wolfsschanze, in letzter Minute und unter unglaublichem Stress eine Bombe scharf, stellte sie in einer Aktentasche neben Hitler und verließ unter einem Vorwand die Lagebesprechung. Gerade als er den Sperrkreis der Wolfsschanze passierte, hörte er, wie die Bombe hochging. Er war sich sicher, dass der Diktator tot sei.

Dennoch hatten die Verschwörer kein Vertrauen in

8 Allerdings war der Gedanke, dass ein entnazifiziertes Deutschland gegen Stalin weiterkämpfen könnte, gar nicht so weit hergeholt. Noch 1944 gab Churchill persönlich die *Operation Unthinkable* in Auftrag, die die Durchführbarkeit eines britisch-amerikanischen Überraschungsangriffs auf Russland im Jahr 1945 untersuchen sollte. Der Bericht sollte von der Grundannahme ausgehen, dass die angloamerikanischen Truppen von deutschen Einheiten unterstützt würden. Doch die britische Armee erklärte diese Idee zum Rohrkrepierer.

die Unterstützung durch die Bevölkerung. Statt die Welt darüber aufzuklären, was sie getan und warum sie so gehandelt hatten, verkündeten sie seltsamerweise, dass sie die Macht nur deshalb übernähmen, weil Hitler von der treulosen SS getötet worden sei.

Doch er hatte überlebt: Die Bombe war nur halb so stark wie geplant, und Hitler wurde von einem Konferenztisch aus massiver Eiche geschützt. Da die Verschwörer es versäumt hatten, die Kommunikation zwischen der Wolfsschanze und Berlin entweder zu unterbrechen oder zu kontrollieren, war es Hitler möglich, persönlich mit Major Otto-Ernst Remer zu sprechen, der die Verschwörer prompt festnehmen ließ. Unerklärlicherweise waren Stauffenberg und seine Kameraden nicht bereit, jetzt zum offenen Kampf überzugehen – obwohl sie alle bewaffnet waren und obwohl sie wussten, dass sie ohnehin verloren waren. Dieser Aufstand aristokratischer Soldaten wurde niedergeschlagen, kaum dass ein Schuss fiel, der den Bewohnern Berlins zumindest gezeigt hätte, was gerade vor sich ging.

Hitler nahm entsetzliche Rache an allen, die sich mit den Verschwörern in Verbindung bringen ließen. Auschwitz war noch in Betrieb. Die deutschen Armeen brachen in der Normandie und der Sowjetunion zusammen. Deutschlands Städte wurden von der amerikanischen und britischen Luftwaffe beinahe nach Belieben im Bombenhagel zerstört. Doch die Industrie erreichte erst im August den Höhepunkt ihrer Kriegsproduktion. Hitler hatte immer noch Reserven und kontrollierte weiterhin große Gebiete.

Er hätte nun alles gegen die Russen werfen und ver-

Deutsch kontrollierte Gebiete Ende 1944

suchen können, Deutschland vor der Invasion der angeblichen slawischen Untermenschen zu retten. Doch immer noch glaubte er, gegen jede Evidenz und ganz in preußischer Tradition, dass die so dekadenten wie demokratischen Angelsachsen in die Knie gehen würden, sobald man sie nur hart genug träfe. Also wurden, statt alle verfügbaren Mittel etwa in die Luftverteidigung zu stecken, die neuesten technischen Meisterwerke gegen London in Stellung gebracht: Hitlers V-Waffen waren die ersten militärischen Großraketen, die alles, was die Alliierten besaßen, weit in den Schatten stellten.

Der brutalen Gleichung des totalen Kriegs zufolge war die Wirkung der sündhaft teuren Waffen allerdings unglaublich gering: Die 9000 V1- und 1100 V2-Raketen, die auf England abgefeuert wurden, töteten im Schnitt weniger als eine Person pro Rakete.

Start einer V2, der weltweit ersten militärisch eingesetzten ballistischen Rakete

Währenddessen stellte sich Hitlers letzte schlagkräftige Kampftruppe – über vierhunderttausend Mann, dazu mehr als tausend Panzer und Sturmgeschütze, wurden von den Resten der Luftwaffe unterstützt – bei der Ardennenoffensive von Dezember 1944 bis Januar 1945 an der deutsch-französischen Grenze der US-Armee. Die überraschten und unterlegenen Amerikaner mussten sich zurückziehen, konnten aber wichtige Städte wie Bastogne halten, bis Verstärkung und massive Luftangriffe die Deutschen zum Stehen brachten und sie schließlich zurücktrieben.

Die russischen und amerikanischen Truppen trafen – wo sonst sollten West und Ost sich begegnen? – an der Elbe aufeinander. Hitler erschoss sich am 30. April. Am 8. Mai 1945 endete der Krieg in Europa.

NEUE ALTE GRENZEN

Da die deutschen Armeen bis zuletzt erbitterten Widerstand geleistet hatten, rechneten die Alliierten nach Kriegsende mit einer massiven Widerstandsbewegung. Stattdessen fanden sie sich in einem Land wieder, dessen gesamtes System über Nacht kollabiert zu sein schien. Einer der renommiertesten Gegenwartsautoren in Deutschland erinnert sich:

Kreisleiter Feigtmaier in brauner Uniform, noch vor zwei Tagen gefürchtet und ehrfurchtsvoll gegrüßt, stand in der Gosse und fegte die Straße, während die Jeeps knapp an ihm vorbeifuhren und er auf den Bürgersteig springen musste, dreckbespritzt ... Die Männer mussten vor englischen Besatzungssoldaten, den Siegern, die Mützen abnehmen, die Hüte ziehen ... Männer, die eben noch zackig gegrüßt wurden, mit donnernden Kommandostimmen auftraten, flüsterten plötzlich, sagten, sie hätten von alldem nichts gewusst.

Uwe Timm, Am Beispiel meines Bruders

Diese Tage gingen in die deutsche Geschichte als *die Stunde Null* ein.

Die Sieger überließen Westpreußen Polen, teilten Ostpreußen zwischen Polen und Russland auf, gaben Elsass-Lothringen an Frankreich zurück und richteten im übrigen Deutschland vier unter Militärverwaltung stehende Zonen ein.

Das Deutschland östlich der Oder war für immer verloren, doch hatte niemand im Sinn, dass der Rest des Landes lange geteilt bleiben sollte. Im Juli/August 1945 erklärten die Alliierten in Potsdam, Deutschland teilweise deindustrialisieren und vollständig entnazifizieren zu wollen. Als nächsten Schritt galt es, die »endgültige Umgestaltung des deutschen politischen Lebens auf demokratischer Grundlage und eine eventuelle friedliche Mitarbeit Deutschlands am internationalen Leben ... vorzubereiten. Zu diesem Zweck wollte man in ganz Deutschland ... alle demokratischen politischen Parteien ... erlauben und ... fördern mit der Einräumung des Rechtes, Versammlungen einzuberufen und öffentliche Diskussionen durchzuführen.«

Doch schon bald war allen klar, dass die Russen anderes vorhatten. An dem Tag, als Hitler Selbstmord beging, ließ Stalin eine vorgefertigte Vasallenregierung aus gehorsamen deutschen Kommunisten von Moskau nach Berlin einfliegen. Zu diesem Zeitpunkt plante er kein geteiltes Deutschland. Er wollte vielmehr das Land als Ganzes auf Dauer arm und schwach halten. Deshalb versuchte er, den Abbau der Industrieanlagen und die Konfiszierung von Rohstoffen, die als Reparationszahlungen vorgesehen waren, zu beschleunigen. Er verlangte Teilhabe an der Verwaltung der britischen Zone, in der ein Großteil der deutschen Industrie konzentriert war.

Die Briten hingegen setzten alles daran, Deutschland wieder flottzumachen, da sie es sich nicht leisten konnten, neben den eigenen Bürgern auch noch ein untätiges

Ruhrgebiet zu ernähren. Ab 1946 musste Großbritannien zu Hause Brot rationieren. Das war noch nicht einmal während der Kriegsjahre nötig gewesen. Pleite und verzweifelt schlug es eine Vereinigung mit der amerikanischen Zone vor – oder flehte darum. Auch die Amerikaner waren daran interessiert, dass Deutschland wieder auf die Beine kam. Stalins Plan, das Land in Armut zu halten, war in ihrer Wahrnehmung lediglich das Vorspiel zu einer kommunistischen Machtübernahme. Der beste Schutz dagegen war die Schaffung kapitalistischen Wohlstands. Anders als 1919 waren die USA diesmal bereit, nach Kriegsende die Logik ihrer faktischen Weltmacht anzunehmen und entsprechend zu handeln.

Wir glaubten, uns den europäischen Kriegen fernhalten zu können, und verloren das Interesse an europäischen Angelegenheiten. Dies schützte uns aber nicht davor, zum Eintritt in den Zweiten Weltkrieg gezwungen zu werden. Wir wollen jenen Fehler nicht wiederholen ... Die USA haben offiziell ihre Absicht ausgedrückt, die Wirtschaft ihrer eigenen Zone mit einer oder mit allen anderen zu vereinigen, die hierzu bereit sind. Bis jetzt hat sich nur die britische Regierung bereit erklärt, mit ihrer Zone daran teilzunehmen. Wir begrüßen diese Zusammenarbeit aufs wärmste.

Der damalige US-Außenminister
James F. Byrnes, Stuttgart, 6. September 1946

Als die ehemaligen Alliierten sich in rivalisierenden Lagern gegenüberstanden, entwickelte das Geschehen seine ganz eigene Dynamik. Churchill sprach am 5. März 1946 vom *Eisernen Vorhang*. In der *Truman-Doktrin* vom 12. März 1947 forderte der US-Präsident, »es muss die Politik der Vereinigten Staaten sein, freien Völkern beizustehen, die sich der angestrebten Unterwerfung durch bewaffnete Minderheiten oder durch äußeren Druck widersetzen«. Im Juni 1947 vereinigten sich in Frankfurt, seit jeher die Alternative zur Hauptstadt Berlin, die Behörden der amerikanischen und der britischen Zone und schufen die *Bizone*. Im selben Monat wurde der *Marshallplan* zum Wiederaufbau Europas verkündet. Er sah die Vergabe massiver amerikanischer Kredite vor, mit deren Hilfe die europäischen Volkswirtschaften wiederaufgebaut – und Europa zugleich zum Kauf amerikanischer Produkte befähigt – werden sollte. Die Russen lehnten den Plan rundheraus ab. Frankreich hingegen akzeptierte ihn und bildete mit der britisch-amerikanischen Bizone die neue *Trizone*.

Plötzlich, und ohne dass irgendjemand dies beabsichtigt hätte, sah Westeuropa jenem Reich verblüffend ähnlich, das im Todesjahr Karls des Großen 814 bestanden hatte: ein Reich mit einer Nordostgenze an der Elbe, an deren rechtem Ufer – weiter südlich auch an ihrem linken – die slawische Kultur in beherrschender Stellung war.

Das wichtigste Anliegen der Westmächte war es, dass der von ihnen verwaltete Teil Deutschlands wieder Fuß fasste. Die alte Reichsmark hatte mittlerweile das Vertrauen der Menschen in einem Maße verspielt, dass sie im Alltag praktisch von Zigaretten ersetzt wurde. Doch

Das besetzte Deutschland 1945. Aus der Sowjetischen Zone wird 1949 die DDR, aus den drei Westzonen die Bundesrepublik.

ohne funktionierende Währung würde sich das Land nicht erholen.

Ende 1947 ließen die Amerikaner die *Operation Bird Dog* anlaufen und druckten heimlich neue deutsche Banknoten. Zwischen Februar und April 1948 wurden sie in dreiundzwanzigtausend falsch deklarierten Kisten nach Deutschland verschifft und in den Kellern des ehemaligen Reichsbankgebäudes in Frankfurt versteckt. Das Problem: Man war sich nicht einig, wie all das neue Geld unter die Leute zu bringen sei.

In ihrer Ratlosigkeit wandten sich die Amerikaner an jene, die nun wirklich etwas von der Wirtschaft und den Menschen des Landes verstehen mussten: die Deutschen selbst. Diese hatten, wie sich herausstellen sollte, bereits einen ausgefeilten Plan in der Schublade.

DAS WIRTSCHAFTSWUNDER,
DAS KEINES WAR

Noch 1943 hatte SS-Chef Heinrich Himmler einem Expertengremium unter Leitung von SS-Gruppenführer Otto Ohlendorf – der später von den Alliierten als ehemaliger Befehlshaber der Einsatzgruppe D gehenkt wurde – heimlich den Befehl erteilt, für die Zeit nach dem gewonnenen Krieg eine Rückkehr zu den Regeln des freien Markts vorzubereiten. Ohlendorfs Gremium gehörten unter anderem der Marktwirtschaftsexperte Ludwig Erhard – ab 1949 Wirtschaftsminister, 1963 bis 1966 Bundeskanzler – und der Topbanker Karl Blessing – 1958 bis 1969 Bundesbankpräsident – an.

Sie erkannten schnell, dass die Naziwirtschaft nur noch mithilfe schrankenlosen Gelddruckens aufrechterhalten wurde. Während des Kriegs gab es in deutschen Geschäften keinerlei Luxuswaren zu kaufen. Selbst das Angebot und der Preis von Grundnahrungsmitteln wurden streng kontrolliert. Das ganze angesparte Geld lag schon seit Jahren auf den Bankkonten der Menschen. Die Deutschen wurden in der Tat gezwungen, ein ganzes Jahrzehnt lang hart zu sparen, ob sie wollten oder nicht. Doch was würde passieren, sobald diese Beschränkungen fielen? Für Erhard, Blessing und ihre Kollegen gab es keinen Zweifel: Ohne die Volkswirtschaften unterworfener Länder, die man zwingen konnte, überbewertete Reichsmark zu akzeptieren, wie die Franzosen von 1940 bis 1944, wäre eine unkontrollierte Inflation nicht zu vermeiden.

Erhards Lösung war radikal. Er schlug vor, das Überangebot an Papiergeld auf einen Schlag zu beseitigen, indem man die Reichsmark abschaffte und eine brandneue Währung, die *Deutsche Mark* heißen sollte, zu einem Wechselkurs von 15:1 für private Sparer einführte. Geschäftsvermögen hingegen sollten eins zu eins in die neue Währung umgeschrieben werden, abzüglich einer rein kosmetischen Vermögensabgabe, um den Schein von Gerechtigkeit zu wahren. So sollten die für Kopfzerbrechen sorgenden Ersparnisse der Normalbürger buchstäblich zerstört werden, Geschäftskapital hingegen vollständig erhalten bleiben.

Da der ganze Plan die Annahme voraussetzte, der Endsieg könne tatsächlich ausbleiben und somit Hochverrat darstellte, verschwand er 1944 heimlich, still und leise in den Aktenschränken. Doch als die westlichen Alliierten 1948 mit aller Macht versuchten, die deutsche Wirtschaft wieder in Gang zu bringen, war die Zeit reif für ihn.

Der Plan von 1944 wird 1948 umgesetzt

In der von Ludwig Erhard geleiteten Sonderstelle laufen die in den Wirren der letzten Kriegswochen abgerissenen Kontaktfäden der Nachkriegsplaner erneut zusammen. An ihrem Arbeitsort, der Bad Homburger Villa Hansa, holen sie die alten Pläne aus der Schublade … Am 20. April fährt ein schwer bewachter, mit Milchglasscheiben versehener Bus die Mitglieder der Sonderstelle zum Fliegerhorst von Rothwesten, bei Kassel gelegen. Dort gelingt es den deutschen Experten in wochenlanger Überzeugungsarbeit, die Vertreter der Westalliierten auf ihr Konzept einzuschwören: Am 20. Juni 1948 verlieren die kleinen Sparer fast alles, Aktien- und Sachwertbesitzer hingegen beinahe nichts. ... Erhards Politik dient einzig und allein dem Ziel, die Kapitalbildung der Unternehmen zu fördern. Darin sieht er den Königsweg zu dynamischem Wirtschaftswachstum.

Handelsblatt, *25. Juni 2006*

Wirtschaftsrivalen wie Frankreich und Großbritannien konnten von solchen extrem wirtschaftsfreundlichen Bedingungen freilich nur träumen. Die Menschen dort hätten so etwas niemals mit sich machen lassen. Solche Einschnitte waren nur im Deutschland des Jahres 1948 möglich, weil die einfachen Bürger um sich herum nichts als Trümmer sahen und froh waren, frei und am Leben zu sein.

Zu dieser Zeit begriffen nur wenige, dass vor allem ihre Wohnungen in Schutt und Asche lagen, nicht aber die Unternehmen. Der angloamerikanische Bombenkrieg gegen deutsche Städte hatte Hunderttausende Zivilisten getötet, doch mussten im Mai 1945 nur 6,5 Prozent des industriellen Maschinenparks vollständig abgeschrieben werden. Die deutsche Industrie war immer noch ein Riese – und an zügige Improvisation gewöhnt. Man musste sie 1948 nur wachküssen.

Ohne die Genehmigung der Alliierten abzuwarten wagte Erhard nun den Sprung in die freie Marktwirtschaft und hob alle Rationierungen und Preiskontrollen auf. Sein Austausch mit den US-Behörden ist legendär:

General Lucius D. Clay: Wie können Sie es wagen, unser Rationierungssystem zu lockern, solange wir einen so eklatanten Mangel an Nahrungsmitteln haben?
Ludwig Erhard: Herr General, ich habe die Rationierung nicht gelockert, ich habe sie beseitigt. Von nun an wird der einzige Bezugsschein, den die Leute brauchen, die Deutsche Mark sein, und sie werden sehr hart dafür arbeiten, Sie werden sehen!

Es funktionierte. Fast jeder Deutsche dieser Generation kann sich erinnern, wie die Geschäfte über Nacht wieder voll waren und die Fabriken auf Hochtouren liefen.

Dieses scheinbare Wunder war aber gar keines. Die *Trizone* hatte nun eine harte Währung mit einem festen, extrem exportfreundlichen Wechselkurs. Erhards Plan hatte die Geschäftsvermögen nicht angetastet. Es gab eine qualifizierte und gebildete Arbeiterschaft, die noch von Millionen assimilierbarer Flüchtlinge aus Ostelbien und dem Sudetenland verstärkt wurde. Diese waren froh, überhaupt noch am Leben zu sein, und bereit, für geringe Löhne hart zu arbeiten. Der Großteil der Maschinen funktionierte noch. Und zu guter Letzt flossen auch noch die Wirtschaftshilfen des Marshallplans ins Land. Das alles summierte sich zum größten und wirtschaftsfreundlichsten Rettungsprogramm aller Zeiten.

Hier kommen wir zum Kern der Sache. Die Staatsverschuldung Deutschlands betrug 379 Milliarden Reichsmark im Jahr 1944, etwa das Vierfache des Bruttoinlandsprodukts von 1938. Die Währungsreform unter den Auspizien der US-Armee löschte diese Schulden mit einem Schlag aus. Auf null ... Von 1947 bis 1952 erließ der Marshallplan Westdeutschland die komplette Auslandsverschuldung ... Das ergibt einen Schuldenerlass in Höhe von 465 Milliarden Reichsmark/D-Mark, alle damit aufgehobenen Zinszahlungen nicht mitgerechnet. ... Stellt das Griechenland in den Schatten? Darauf können Sie wetten.

Professor Albert Ritschl, The Economist, *25. Juni 2012*

Unter derart günstigen Bedingungen ist es wirklich kein Wunder – und schon gar kein Wirtschaftswunder –, dass westdeutsche Unternehmer schon bald wieder anfingen, Geld zu verdienen.

DIE WAHRE VEREINIGUNG – ABSCHIED VON BERLIN?

Plötzlich blickten alle in die Zukunft. Doch wie konnte das Land moralisch und politisch vorankommen, wenn jede Firma, die überlebt hatte, notwendigerweise ihren Frieden mit den Nationalsozialisten gemacht haben musste? Wie konnte man eine Nation heilen, deren

Ärzte fast zur Hälfte Mitglieder der NSDAP gewesen waren? Wie sollte man ein Volk umerziehen, in dem zehn Jahre lang alle Universitätsprofessoren neben Kollegen gearbeitet hatten, die *Rassenlehre* unterrichteten? Die Antwort war einfach, sowohl für Truman als auch für Stalin: Es wurde zugelassen, dass sich, abgesehen von den schlimmsten Verbrechern, über alle ein Schleier des Vergessens legte.

Vor allem Konrad Adenauer war fest entschlossen, fortan den Blick nach vorne zu richten. Im Juni 1948 antworteten die Russen auf Erhards neue D-Mark mit einer Blockade Westberlins und zwangen die Alliierten, die Stadt fast ein Jahr lang über die Berliner *Luftbrücke* zu versorgen. Adenauer benutzte diese an Krieg grenzende neue Feindschaft zwischen den Siegern, um endlich sein Lebensprojekt umzusetzen: ein wahrhaftig westorientiertes Deutschland. Bonn wurde knapp vor Frankfurt zur provisorischen Hauptstadt gewählt, und am 24. Mai 1949 trat das Grundgesetz in Kraft. Am 14. August 1949 wurde der dreiundsiebzigjährige Adenauer der erste Kanzler der Bundesrepublik, die er bis 1963 so sehr prägte, dass man diese Zeit bis heute als *Adenauer-Ära* bezeichnet. Adenauers Deutschland hatte frappierende Ähnlichkeiten mit dem von Rom geplanten Germanien, dem deutschen Reich Karls des Großen und Napoleons Rheinbund. Es hatte eine Pufferzone zwischen sich und Polen, keine Berührungspunkte mit Russland und lediglich eine kurze Grenze mit den Tschechen.

Die sogenannte Vereinigung von 1871 wurde durch die endlich erreichte Einheit aller Deutschen westlich der Elbe ungeschehen gemacht.

Adenauer machte die *Westintegration* zum Eckpfeiler seiner Politik. Er war in dieser Beziehung so unbeirrbar, dass die Sozialdemokraten ihn während einer berühmten Debatte im November 1949 als *Bundeskanzler der Alliierten* beschimpften. Sie hätten sogar noch lauter geschrien, hätten sie gewusst, wie er wirklich dachte.

Am 1. Dezember 1955 schickte der ehemalige britische Hohe Kommissar in Deutschland, Sir Ivone Kirkpatrick, eine als streng geheim eingestufte Mitteilung an den Premierminister:

Was Konrad Adenauer wirklich wollte

Der deutsche Botschafter teilte mir gestern mit, er wolle mir eine besonders vertrauliche Mitteilung machen ... Dr. Adenauer habe kein Vertrauen in das deutsche Volk. Er fürchte, dass, wenn er einmal abtreten würde, eine künftige deutsche Regierung sich mit Russland zum Nachteil Deutschlands arrangieren könne. Deswegen glaube er, dass die Integration Westdeutschlands in den Westen wichtiger sei als die Vereinigung Deutschlands. Er wolle uns wissen lassen, dass er all seine Energie darauf verwenden werde, dies zu erreichen ... Es wäre freilich für seine politische Position ziemlich desaströs, würden die Ansichten, die er mir gegenüber so freimütig äußerte, in Deutschland bekannt.

Sein eigenes Deutschland gliederte sich hingegen hervorragend ein. Im Jahr 1954 gewann es die Fußball-Weltmeisterschaft. 1955, im Jahr der Wiederbewaffnung, wurde es Mitglied der NATO. 1957 begründeten die Römischen Verträge die Europäische Wirtschaftsgemeinschaft (EWG), die Vorgängerin der EU, mit Walter Hallstein, einem engen Verbündeten Adenauers, als erstem Vorsitzenden. Es ging wirklich zurück in die Zukunft, wie ein großer amerikanischer Soziologe damals schrieb:

Ein Vergleich geeigneten Kartenmaterials zeigt, dass das Reichsgebiet Karls des Großen um 814 n. Chr. mit jenen sechs Ländern, die zur EWG gehören, nahezu identisch ist ... Ein derart hoher Grad an Ähnlichkeit kann nicht als Laune des Zufalls abgetan werden.

Hugo O. Engelmann, in: Social Forces, *Mai 1962*

Wie weit Adenauer gegangen wäre, hätte er die Chance erhalten, wurde erst vor Kurzem aufgedeckt. Die vier Siegermächte teilten Berlin als ein eigenes Gebilde untereinander auf. Als die Russen 1949 ihren eigenen Marionettenstaat, bekannt als DDR, aufzogen, wurden die drei Westzonen Berlins endgültig zu einer schwer bewaffneten Westanomalie tief innerhalb des Ostblocks. Während der Krise, die der Bau der Berliner Mauer 1961 auslöste, machte Adenauer den Amerikanern einen streng geheimen Vorschlag: Statt Westberlin zu verteidigen, sollten sie den einzigen Stützpunkt des Westens im alten Preußen freiwillig aufgeben.

Die USA sollten [nach Adenauers Wunsch] den Sowjets in Geheimverhandlungen einen Tausch anbieten: West-Berlin gegen Thüringen sowie Teile Sachsens und Mecklenburgs. Zum ersten Mal unterbreitete er diesen Vorschlag einige Tage vor dem Mauerbau US-Außenminister Rusk. … Die US-Administration nahm die Idee durchaus ernst.

Der Spiegel *33/2011*

Doch die Lage war mittlerweile zementiert. Die Berliner Mauer stand, und die DDR wurde als Tatsache hingenommen – Grund genug, sie genauer zu betrachten.

DIE DDR, ODER DIE ALLERKÜRZESTE - GESCHICHTE OSTELBIENS

Es war nicht die russische Besatzung, die Ostdeutschland veränderte. Vielmehr besetzten die Russen eine Region, die immer schon anders gewesen war. In den Jahren 1949 bis 1989 setzte sich eine Entwicklung fort, die sich über Jahrhunderte zurückverfolgen lässt.

Otto der Große eroberte die Gebiete östlich der Elbe im Jahr 935, die Slawen warfen die Deutschen

983 wieder hinaus, die Deutschen versuchten es 1147 erneut, und über die nächsten zwei Jahrhunderte gelang es ihnen leidlich – doch nie vollständig –, die Slawen aus den Gebieten bis zur Oder zu verdrängen. Der Deutsche Orden schaffte es noch weiter nach Osten, bis die Polen ihn 1410 vernichtend schlugen. Preußen wurde in einem Akt der Revolte gegen Rom unter polnischer Ober-hoheit geboren, erwarb sich im Kampf gegen Schweden Ruhm, wurde durch Siege zwischen Elbe und Oder zu einer Großmacht und 1807 vom Zaren vor dem Unter-gang bewahrt. Die fatale Unfähigkeit der westdeutschen Staaten, sich zu vereinigen, erlaubte es Preußen, sie nach einer einzigen großen Schlacht an der Elbe im Jahr 1866 zu unterwerfen. Preußen schlug Frankreich 1870. Da-raufhin zwang es die Deutschen, Menschen und Geld in seine Versuche zu investieren, den tausendjährigen Kampf gegen die Slawen endgültig für sich zu entschei-den. Dieser Kampf endete 1945 damit, dass Teile Ost-elbiens für immer verloren gingen und das verbliebene Gebiet zwischen Elbe und Oder zu einer ohnmächtigen russischen Kolonie degradiert wurde.

Mit der Schaffung der DDR wurde dieses Rumpf-Ostelbien auch formal, was es in Wahrheit immer schon gewesen war: der seltsame deutschsprachige Mann weit draußen im slawisch geprägten Osteuropa. Bevor 1961 die Mauer gebaut wurde, traten die Ostdeutschen – unter ihnen vor allem die jungen und gebildeten – in Massen eine neue *Ostflucht* nach Westdeutschland an. Im Schnitt gingen jedes Jahr zweihunderttausend Menschen in den Westen, also in etwa genauso viele wie während der Ostflucht seit den Fünfzigerjahren des vorangegangenen Jahrhunderts. Hätte Russlands Klientelstaat daraufhin keine tödliche Barriere gebaut und unterhalten, um die Fluchtwilligen im Land zu halten, hätte es bis 1989 jenseits der Elbe so gut wie keine Deutschen mehr gegeben.

Jene, die blieben, waren auf Gedeih und Verderb dem Apparat der Staatssicherheit ausgeliefert. Neben neunzigtausend Festangestellten rekrutierte die *Stasi* etwa zweihunderttausend sogenannte *informelle Mitarbeiter*. Doch durchdrang die Stasi die Gesellschaft vor allem deshalb in kaum vorstellbarer Weise, weil sie mit der Bereitschaft unzähliger Informanten rechnen konnte, für schäbige Gegenleistungen mitzumachen. Sie denunzierten Freunde, Kollegen, Mannschaftskameraden, sogar Familienmitglieder. Ein Wort von irgendjemanden, und man konnte sich die Beförderung abschminken, den Studienplatz vergessen, ins Gefängnis gehen oder seine Kinder verlieren.

Die Stasi wurde im Allgemeinen als der repressivste und effektivste Staatssicherheitsapparat der Welt betrachtet, eine Tatsache, der viele Ostdeutsche mit Galgenhumor begegneten. In einem Witz sollen der Mossad, die CIA und die Stasi das Alter eines Skeletts herausfinden, doch nur der Stasi gelingt es – sie ringt ihm ein Geständnis ab. Auch in der Auslandsspionage war die Stasi außergewöhnlich erfolgreich. So schleuste sie ihren Agenten Günter Guillaume ins Büro des westdeutschen Kanzlers Willy Brandt, und Brandt musste nach dessen Enttarnung 1974 zurücktreten. Doch war sie wie alle ostdeutschen Institutionen den sowjetischen Herren untertan und löste sich wie die anderen mit dem Mauerfall auf.

Pól Ò Dochartaigh, Autor von Germans and Jews since the Holocaust *(Stellungnahme auf Anfrage des Autors)*

Linke Westdeutsche schienen wie auch viele ihrer europäischen Weggefährten entschlossen, die Wahrheit über die DDR zu ignorieren. Ansonsten vernünftige Ökonomen akzeptierten haarsträubende, offensichtlich frei erfundene Zahlen zum Bruttoinlandsprodukt der DDR. Wohlgesinnte Politiker suchten eifrig nach Anzeichen für die guten Absichten der Regierenden. Eigentlich kluge Soziologen behaupteten, dieser Staat sei, wenn auch natürlich nicht perfekt, so doch irgendwie weniger materialistisch und viel gemeinschaftlicher organisiert als Westdeutschland.

Chronische Fehlsichtigkeit

Jonathan Steele vom *Guardian* schloss 1977, die Deutsche Demokratische Republik sei ein »vorzeigbares Modell für die Art von autoritären Wohlfahrtsstaaten, zu denen sich osteuropäische Nationen mittlerweile gewandelt haben«. Auch selbsternannte »realistische« Konservative sprachen vom kommunistischen Ostdeutschland in einem Ton, der sich vom heutigen Sprachgebrauch doch sehr unterschied.

Damals kam ihnen das Wort »Stasi« kaum über die Lippen.

Timothy Garton Ash, New York Review of Books, *2007*

Kunstkritiker waren ostdeutschen Künstlern gegenüber derart gnädig, dass jeder, der nicht gerade platteste Staatspropaganda produzierte, als Genie gerühmt wurde.

Ein westdeutscher Schriftsteller blickt verwundert zurück

Nun kommt es plötzlich an den Tag, dass die seit Jahren mit viel Erfolg aufgelegte DDR-Literatur im großen und ganzen das Letzte war ... Ach, denke ich heute, wenn ich doch wenigstens einen kleinen Aufsatz geschrieben hätte darüber, warum ich mich nicht für DDR-Literatur interessiere. Nein, damit kann ich mich heute nicht schmücken. Wenn DDR-Autoren Preise bekamen, lächelten wir und sagten: Aha, DDR-Bonus, kein Wunder.

Joseph von Westphalen, Von deutscher Bulimie, *1990*

In den letzten Jahren ihrer Existenz erhob die DDR den Anspruch, das wahre Deutschland zu sein: Sie pflegte die Erinnerung an Martin Luther und deutete an, dass die preußischen Tugenden, von junkerlichem Militarismus befreit, eine positive Alternative zum kriegstreiberischen *Cocakolonialismus* der USA seien. Das kam bei der extremen Linken in Westdeutschland gut an. Andererseits neigen alle antiwestlichen Trends dazu, bei deutschen Links- und Rechtsextremen auf Gegenliebe zu stoßen. Und das war nie wahrer als in den Sechzigerjahren.

SORGENVOLLE ZEITEN

Im Jahr 1960 war Westdeutschland bereits ein Pfeiler der NATO und der EWG. Es hatte Großbritannien als zweitgrößten Autohersteller der Welt abgelöst und lud sogenannte Gastarbeiter aus Süd- und Osteuropa ein, um einen akuten Arbeitskräftemangel zu beheben. Trotzdem war es immer noch ein Land mit niedrigen Einkommen und bescheidenem Konsum, in dem nur halb so viele Menschen Autos besaßen wie in Großbritannien.

Die Zeiten änderten sich jedoch, als eine Generation, die dankbar die Möglichkeit angenommen hatte, zu arbeiten, zu sparen und darüber den Krieg zu vergessen, von den Babyboomern abgelöst wurde, die plötzlich alles – einschließlich der Wahrheit – haben wollte, am besten sofort.

Überall im Westen verlor die Jugend die Geduld mit ihren langweiligen, scheinheiligen und autoritären Eltern. In Deutschland war der Konflikt besonders bitter, da man in der alten Generation leicht auf echte Nazis stoßen konnte. Die Frankfurter Auschwitzprozesse von 1963 bis 1968 schockierten die jungen Deutschen. Vietnam machte sie wütend. Ein seltsames Feindbild nahm in den jungen Köpfen Gestalt an: Ihre elenden Väter seien sowohl ehemalige Nazis als auch sklavische Komplizen des kapitalistischen Westens. Gerade eben hatten sie noch Juden ermordet, nun machten sie vor den *Amis* den Kotau und aus Deutschland einen ohnmächtigen Konsumenten der *McKultur.* In den Fünfzigerjahren war *Westorientierung* ein positiv besetzter Begriff gewesen, eine Alternative zum preußischen oder nationalsozialistischen Autoritarismus. Jetzt, als *Verwestlichung,* wurde er zunehmend negativ verstanden. Dabei waren sich extreme Linke und radikale Rechte in ihrer ablehnenden Haltung einig.

Wo die Extreme sich berühren

Von Ende 1965 bis in die frühen 1970er Jahre trugen Demonstranten Plakate, die Lyndon B. Johnson *und* Adolf Hitler zeigten. Sie setzten die mutmaßliche Barbarei der amerikanischen Kulturindustrie mit der Barbarei des Krieges gleich ... Jede überspannte Idee schien ihnen willkommen, vorausgesetzt, sie passte in die starre intellektuelle Zwangsjacke des Antiamerikanismus ... Der Slogan »USA-SA-SS« erlebte Triumphe ... In vielen Fällen klangen westdeutsche Kritiker, als wären sie Abonnenten eines östlichen Propagandaorgans.

Bernd Greiner, in: German Images of America in the late 1960s

In diesem kulturellen Umfeld bewegte sich die *Baader-Meinhof-Bande/Rote Armee Fraktion*, die Westdeutschland in den Siebzigerjahren, mit heimlicher Unterstützung der Stasi, in Angst und Schrecken versetzte. So erklärt sich vielleicht, warum mit Horst Mahler eines ihrer führenden Mitglieder später ein bekannter Neonazi wurde.

Ulrike Meinhof und Gudrun Ensslin waren junge Studentinnen, die von einem moralisch strengen und radikalen Protestantismus tief beeinflusst waren. Die Männer, der charismatische und brutale Andreas Baader und der wurzellose Jan-Carl Raspe, waren weniger intellektuell, dafür umso impulsiver. Sie alle kamen aus der Mittelklasse. Sie wurden vom Hass auf den »imperialistischen« Krieg der USA gegen Vietnam und auf den »repressiven« westdeutschen Staat angetrieben, entwickelten aber nie eine eigene und schlüssige politische Weltanschauung.

New York Times, *3. Januar 1988*

Der Urknall des deutschen Linksterrorismus war der 2. Juni 1967, als ein Westberliner Polizist – viele Jahre später stellte sich heraus, dass er auf der Gehaltsliste der Stasi gestanden hatte – einen unbewaffneten Demonstranten erschoss, der gegen den Besuch des Schahs in Berlin protestierte. Danach erklärte Gudrun Ensslin auf einer Studentenversammlung: »Dieser faschistische Staat ist darauf aus, uns alle zu töten. Wir müssen Widerstand organisieren, Gewalt kann nur mit Gewalt beantwortet werden. Das ist die Generation von Auschwitz, mit denen kann man nicht diskutieren!«

Deutschland war bei Weitem nicht das einzige Land, in dem der vage Idealismus der Sechzigerjahre in Gewalt ausartete. Doch in ihrer persönlichen, brutalen Bösartigkeit waren die Mitglieder der RAF einzigartig und zutiefst verstörend. Auf dem Höhepunkt ihres Wirkens, während des sogenannten Deutschen Herbstes 1977, als sie bekannte Persönlichkeiten wie den Arbeitgeberpräsidenten Hanns-Martin Schleyer und den Chef der Dresdner Bank Jürgen Ponto ermordete, gestand einer von vier Deutschen unter dreißig, »eine gewisse Sympathie« für diese Gruppe messianischer Mörder zu hegen, die keine anderen rational nachvollziehbaren Ziele hatte, als ihre Anführer aus dem Gefängnis zu befreien.

Warum verspürten so viele Menschen diese verstörende Sympathie? Sicher spielte der Antiamerikanismus eine wichtige Rolle. Doch vielleicht war auch etwas Älteres am Werk:

Meinhof versuchte, die Mission der RAF zu erklären ... Sie waren nicht so naiv zu glauben, sie würden in Deutschland eine Revolution einleiten oder sie würden nicht getötet und verhaftet werden. »Es ging darum, den ganzen Erkenntnisstand der Bewegung von 1967/68 historisch zu retten; den Kampf nicht mehr abreißen zu lassen.« ... Das sind Worte, die tief in der deutschen Vergangenheit wurzeln ..., in einer Tradition aussichtsloser Kämpfe, vom Ringen bis zum Ende, um der Zukunft eine Botschaft zu hinterlassen.

Neal Ascherson, The Guardian, *28. September 2008*

Ascherson – der Ulrike Meinhof persönlich kannte – hat sicher recht. Nach dieser Weltsicht kommt es nicht darauf an, ob wir tatsächlich jemandem im Hier und Jetzt Gutes tun. Was zählt, ist allein das Beispiel, das wir irgendeiner uns unbekannten Zukunft geben, indem wir trotz allem unsere Waffen fest umklammert halten. Wenn man genau darüber nachdenkt, handelt es sich um eine ziemlich seltsame Idee, und es drängt sich der Gedanke auf, dass sie irgendwie von Luthers Vorstellung herrührt, wonach wir nicht durch unsere guten Taten gerettet würden, sondern »durch den Glauben allein« – *sola fide.*

SCHLACHTFELD DEUTSCHLAND

Glücklicherweise wurde die deutsche Politik in diesen nihilistischen Jahren nicht von einem Helden dominiert, der auf eine pathetische Rechtfertigung durch die Zukunft schielte, sondern von einem klassischen Mitte-Links-Politiker, Kettenraucher und Hinterzimmerverhandler: Helmut Schmidt.

Unter Schmidt hatte es Deutschland mit seinen mörderischen Terroristen zu tun, ohne jemals ernsthaft die Freiheit des Einzelnen zu unterminieren. Der Kanzler